#SUPERGESUND
#NATÜRLICH

VEGGIE FOR FUTURE

EINFACH UND NACHHALTIG
KOCHEN MIT WOW-FAKTOR

VORWORT

Für Umweltaktivist*innen aus aller Welt ist schon seit vielen Jahren klar: **Die Uhr tickt unaufhaltsam weiter.** Buschbrände, Hurrikans und Hochwasser sind nur ein paar Beispiele dafür, wie sich der Klimawandel auf die Erde auswirkt. Kurz gesagt: **Die Erde brennt** und wir müssen sehen, ob und wie sie gelöscht werden kann. Vieles liegt in der Hand der Politik und mithilfe von Demonstrationen kann zumindest immer und immer wieder vor Augen geführt werden, wie ernst die Lage ist. **Aber was kann man darüber hinaus selbst tun?**

Eines ist dabei klar: Von heute auf morgen wird man den Klimawandel nicht aufhalten bzw. gänzlich stoppen können. Dass aber etwas getan werden muss, ist ebenso klar. **Nur, wo soll man anfangen?** Welcher Baustelle sollte man sich zuerst widmen? Angesichts dessen, dass an so vielen Ecken Verbesserungsbedarf herrscht, fällt es oft schwer **den Überblick zu behalten** und so für sich den Anfang für eine bessere Zukunft zu machen.

Und dabei gibt es besonders einen Bereich, in dem wir alle einen Anfang machen können. Dafür bedarf es nämlich keiner Superkräfte oder irgendwelchen wissenschaftlichen Hightech-Methoden, sondern es hängt lediglich an der **persönlichen Entscheidung:** Nämlich der Entscheidung **sich bewusst nachhaltig und gesund zu ernähren.**

Denn die tägliche Ernährung, der teils unbewusste Umgang mit Lebensmitteln und vor allem ein überdurchschnittlich hoher Fleischkonsum zieht **erhebliche Umweltprobleme** nach sich.

Dieses Buch ist zwar nicht die Lösung aller Probleme, aber es führt auf jeden Fall in die richtige Richtung. Neue, vegetarische und teils vegane Rezepte sorgen nicht nur für eine **abwechslungsreiche und ausgewogene Ernährung,** sondern führen vor Augen, dass eine fleischlose Ernährung nicht einseitig sein muss und auch noch **gut für die Umwelt** ist.

Darüber hinaus bietet das Buch **hilfreiche Informationen und Wissenswertes rund um Lebensmittel, gesunde Ernährung und einen bewussten Konsum.**

Und selbst wer von heute auf morgen nicht komplett auf Fleisch verzichten kann oder will – weniger Fleisch zu essen ist **ein guter Anfang** für ein nachhaltiges Leben und eine bessere Zukunft.

INHALT

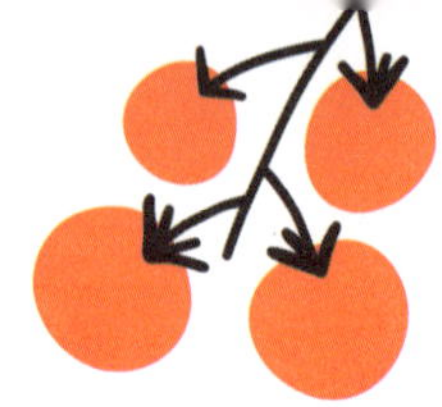

STAUB

GO VEGGIE & SAVE THE PLANET

Auf Flüge verzichten und Urlaub auf dem Bauernhof machen, das Auto stehen lassen und mit dem Fahrrad fahren, oder immer einen Stoffbeutel zum Einkaufen in der Handtasche haben: Alles Dinge und Möglichkeiten, die jeder in seinen Alltag integrieren und somit seinen Beitrag für die Umwelt leisten kann. Ein weiterer Ansatz ist dabei die eigene Ernährung. Denn die Lebensmittel, die gegessen oder weggeworfen werden, ihre Produktion und ihre Transportwege, die Zubereitung und Lagerung, verursacht in Deutschland ebenso viel schädliches CO_2 wie Verkehr und Reisen. Hier kommt es darauf an, ein Gespür dafür zu entwickeln, was schadet und was nützt.

5 GUTE GRÜNDE WENIGER FLEISCH ZU ESSEN

Wir essen zu viel Fleisch

Seit den Sechzigerjahren ist der durchschnittliche Pro-Kopf-Verbrauch von 60 auf rund 90 Kilogramm pro Jahr gestiegen. Das ist fast dreimal so viel wie die Deutsche Gesellschaft für Ernährung (DGE) empfiehlt.

Darum: Weniger ist mehr. Wer nicht komplett auf Fleisch und Wurst verzichten mag, sollte darauf achten, seinen Konsum entsprechend im Rahmen zu halten.

Zu viel Fleisch ist ungesund

Studien belegen, dass übermäßiger Fleischkonsum – vor allem von rotem Fleisch – das Risiko für Darmkrebs erhöht; bei mehr als 100 Gramm über der empfohlenen Menge sogar um fast 50 Prozent! Außerdem verstärkt eine fleischlastige Ernährung mit viel Fett und Cholesterin die Anfälligkeit für Übergewicht, Herz- und Gefäßerkrankungen.

Darum: Ein gesundes Maß finden und wenn nötig eher helles Fleisch wie Geflügel wählen. Rotes (vor allem Rindfleisch) und verarbeitetes Fleisch mit viel Fett in Form von Wurst oder Geräuchertem eher meiden.

Fleisch bedeutet Tierleid

Ein deutscher Durchschnitts-Fleischesser konsumiert in seinem Leben zwischen 635 und 715 Tiere. Um diesen extremen Fleischbedarf bedienen zu können, werden Tiere heute größtenteils in Massenzucht gehalten: Unter oft tierunwürdigen Bedingungen, in engen Käfigen und Ställen. Mit Antibiotika und Hormonen für mehr Gewicht behandelt, enden sie dann im Schlachthof.

Darum: Fleisch als etwas Besonderes begreifen, beim Kauf etwas tiefer in die Tasche greifen und sich lieber für Bio-Fleisch aus artgerechter Haltung entscheiden.

Fleisch schadet dem Klima

Aus der umstrittenen Massenproduktion folgt, dass Zuchttiere durch ihre Verdauung große Mengen an klimaschädlichem Methan direkt ausstoßen. Zusätzlich werden durch Umwandlung von Natur zu Weidefläche, Fütterung, Düngung, anfallender Mist und Gülle klimaschädliche Gase freigesetzt, wie z. B. Lachgas und CO_2. Bereits heute machen rund 1,5 Milliarden Rinder weltweit rund 10 Prozent des Gesamtausstoßes von Treibhausgasen aus.

Darum: Wer seinen durchschnittlichen Fleischkonsum lediglich um ein Viertel reduziert, spart bereits 0,1 Tonnen CO_2 ein. Bei vollem Verzicht rund 0,45 Tonnen. Das entspricht einem Viertel des gesamten CO_2-Ausstoßes, der durch Ernährung entsteht.

Fleisch ist zu billig

Die Unmengen an günstigem Fleisch stehen in keinem rechten Verhältnis zu den klimaschädlichen Folgen, die die Erzeugung mit sich bringt. Fast 70 Prozent der landwirtschaftlichen Fläche in Deutschland wird nur für die Erzeugung von Futterpflanzen benötigt, und nicht direkt für pflanzliche Nahrungsmittel. Dabei haben diese meist eine wesentlich bessere Klimabilanz: So fallen bei der Herstellung von Feld zu Teller bei einem Kilo Rindfleisch zwischen sieben und 28 Kilo CO_2 an, bei einem Kilo Brot dagegen lediglich rund ein halbes Kilo. Die Tatsache, dass heute weltweit immer noch über 800 Millionen Menschen unter Hunger leiden, der sich durch die Klimaveränderungen noch verschärft, spricht noch mehr für einen reduzierten Fleischkonsum.

Darum: Besser überlegen, ob Fleisch ein Schnäppchen sein muss. Ein gutes vegetarisches Essen oder ab und an ein Stückchen Bio-Fleisch ist eine lohnende Investition in die Zukunft – und macht mehr Menschen satt.

Und wie steht es um Fisch?

Fisch ist gesund, darum empfiehlt die DGE auch 1–2 mal pro Woche Fisch zu essen. In Sachen Gesundheit sicher ratsam: Denn Fisch enthält wertvolle Fettsäuren. Der durchschnittliche wöchentliche Pro-Kopf-Verbrauch liegt mit unter 100 Gramm Fisch pro Woche unter der Empfehlung. Das ist angesichts der Überfischung der Meere sicher kein Schaden. Auch Zuchtfisch ist meist keine gute Option, da die Haltung, Fütterung und der Einsatz von Medikamenten in Fischfarmen nicht artgerecht ist und gravierende Verschmutzungen von Gewässern und Land nach sich zieht.

Darum: Fisch, falls möglich, nur in den empfohlenen Mengen essen: 1–2 mal wöchentlich 70 Gramm fettreichen oder 150 Gramm fettarmen Fisch.

WARUM MEHR VEGETARISCH ESSEN?

Pflanzliche Ernährung hat die bessere Ökobilanz

Pflanzliche Lebensmittel schneiden im Vergleich zu Fleisch-, aber auch Milchprodukten, in Sachen ökologischer Fußabdruck drastisch besser ab.

Darum: Statt einem „Meatless Monday" lieber eine ganze fleischlose Woche und nur ab und an etwas „Festtagsfleisch". Wer konsequent auf (hauptsächlich) vegetarisch, dazu noch regional und saisonal setzt, isst unterm Strich besser und nachhaltiger.

Bei vegetarischer Ernährung „fehlt" nichts

Darüber ist man sich heute ernährungswissenschaftlich einig: auch Vegetarier können sich ausgewogen und ohne Mangelerscheinungen ernähren und bleiben dabei gesund und leistungsstark. Wer sich vegetarisch ernährt, leidet seltener an Übergewicht, Diabetes und ernährungsbedingten Herz-Kreislauf-Beschwerden.

Darum: Wer sich vegetarisch ausgewogen ernährt, dem fehlt letztlich nichts. Empfehlenswert ist eine abwechslungsreiche, vielfältige Kost, die alle Nährstoffe beinhaltet.

VEGGIE FOR FUTURE

Die Rezepte in diesem Buch sind nicht nur so gewählt, dass sie richtig gut schmecken, sondern auch dass die Zutaten frisch und möglichst saisonal sind. Stichwort Zutaten: Auch bei Auswahl, Einkauf, Lagerung und Zubereitung sollte das Augenmerk auf einigen Aspekten liegen – lesen Sie selbst!

SELBER KOCHEN = HÄUFIG DIE BESSERE WAHL

Vorsicht bei Bio-Fertigprodukten! Denn auch wenn die Zutaten in Bio-Produkten aus ökologischem Anbau stammen und nach bestimmten Richtlinien verarbeitet wurden, sind sie nicht unbedingt besser oder gesünder als konventionelle Fertigprodukte: Häufig enthalten sie jede Menge Zucker, viel Salz, einen hohen Fettanteil, (natürliche) Geschmacksverstärker und Konservierungsstoffe. Auch was Herstellung und Verpackung angeht, kann hier von nachhaltiger Bioqualität oft nicht die Rede sein. Je stärker die Lebensmittel verarbeitet sind, desto weniger haben sie dann oft mit der ursprünglichen Idee von Bio gemein.

Darum: Wer gesund und nachhaltig essen möchte, sollte auf möglichst unverarbeitete Produkte zurückgreifen. Dann weiß man genau, was darin steckt und wie es verarbeitet wird.

BESTE WAHL: SAISONAL UND REGIONAL

Erdbeeren im Winter und Spargel zu Kürbis, muss das wirklich sein? Wenn Obst und Gemüse ganzjährig im Supermarkt zur Verfügung stehen, kann man davon ausgehen, dass die Herstellung nicht gerade umweltbewusst ist. Die Energiekosten für Treibhauszucht und Transport gehen massiv zu Lasten der Umwelt – und des Geschmacks. Denn was lange Transportwege zu bewältigen hat, wird oft unreif geerntet und kann so nie an den Geschmack einer (voll-)reif geernteten Ware herankommen. Zudem verlieren Obst und Gemüse bei langen Lagerungen und Transportwegen alle gesunden Vitamine, Mineralstoffe und sekundären Pflanzenstoffe. Ein Grund mehr, einen Blick in den Saisonkalender zu werfen.

Fakt ist: Importierte Lebensmittel haben lange Transportwege und belasten so Umwelt und Klima. Am extremsten sind Importe aus Übersee.

Am meisten schont man die Umwelt, wenn man sich auf den örtlichen Bauernmarkt begibt und dort beim Einkauf auf die Saison achtet. Denn saisonal toppt häufig noch regional: Ein erntefrischer deutscher Apfel im Herbst ist perfekt. Um ihn aber in Topqualität zu erhalten, wird für seine Lagerung soviel Energie verbraucht, dass die Ökobilanz eines Übersee-Apfels ab etwa April besser ist als die eines deutschen Apfels aus dem Kühllager. Saison gilt also noch vor Region.

Darum: Beim Kauf von (allen!) Lebensmitteln möglichst auf die Herkunft achten.

INFO

Auf den Umschlaginnenseiten finden Sie einen Kalender, dem Sie auf einen Blick entnehmen können, welches Obst und Gemüse Saison hat.

ALLES BIO

Bio-Produkte kosten zwar meist (deutlich) mehr als konventionelle, haben aber viele Pluspunkte., z. B. weil sie unter natürlichen Gegebenheiten mehr Geschmack entwickeln können. Der Verzicht auf chemische Wachstums- und Düngemittel trägt zum Schutz von Tieren, Vögeln und Insekten, wie z. B. Bienen, bei und erhält so den Artenreichtum. Genmanipuliertes Saatgut, wie etwa Soja, ist nicht zugelassen. Zuchttiere werden artgerecht gehalten, gefüttert und nicht mit Antibiotika behandelt. Freilandhaltung und die Verwendung von organischem Dünger hat dazu den großen Vorteil, dass natürliche Weideflächen und Äcker CO_2 binden und so den Effekt jeglicher Emissionen mindern.

Darum: Wenn es der Geldbeutel zulässt (vor allem bei tierischen Produkten), besser „Bio" wählen und damit aktiven Umweltschutz betreiben.

BESSER HABEN ALS BRAUCHEN?
VON WEGEN!

Rund 13 Millionen Tonnen an Essen landen in Deutschland jährlich im Müll. Das kann durch bewusste und nachhaltige Planung vermieden werden.

VORRÄTE REGELMÄSSIG CHECKEN

Doppelkäufe sind die häufigste Ursache, dass Lebensmittel später im Müll landen. Wer seinen Vorratsschrank und Kühlschrank vor dem Einkauf durchgeht, kann das leicht vermeiden. Im Hinblick auf die Haltbarkeit gilt, sich auf seine Sinne zu verlassen. Solange eine Speise nicht völlig ihre Optik verändert hat (z. B. geronnen ist), unangenehm riecht, ihre Haptik verändert (Wurst oder Pilze werden z. B. „schmierig") und solange kein Schimmel zu sehen ist: einfach ein Löffelchen oder Stückchen davon probieren – so merkt man dann zusätzlich am Geschmack schnell, ob etwas noch in Ordnung ist. Weiße Flecken auf Käse sind übrigens meist kein Schimmel, sondern nach außen getretenes Salz. Getreide, Getreideprodukte und Nüsse können im Prinzip lange über das angegebene Datum verwendet werden. Lediglich bei Fisch, Fleisch und vor allem Geflügel sollte das Haltbarkeitsdatum möglichst nicht oder nur geringfügig überschritten werden.

LEBENSMITTEL RICHTIG LAGERN

Wichtig ist auch zu wissen, was genau wohin gestellt wird: Gemüse gehört ins mäßig kalte Gemüsefach. Dabei sollten Tomaten und Avocados nicht im Kühlschrank gelagert werden (sie reifen sonst nicht nach). Auch Kartoffeln vertragen keine Kälte. Obst braucht bis auf empfindliche Beeren nicht ins Gemüsefach, sondern fühlt sich an einem nicht zu warmen Ort viel wohler. Leicht Verderbliches wie Fisch oder Fleisch gehört in den kältesten Bereich, ganz unten in den Kühlschrank. Weniger empfindliche Lebensmittel wie Milch(-produkte) oder Eier sind auch in der nicht so kalten Tür oder den oberen Fächern gut aufgehoben. Frische Kräuter halten sich einige Tage, wenn man sie in ein feuchtes Tuch oder Küchenpapier einschlägt und in einer Plastiktüte im Gemüsefach lagert. Oder: Reste kleinhacken, in kleinen Gefrierdöschen einfrieren und später in Speisen verarbeiten.

ES DARF AUCH RUHIG MAL TIEFGEKÜHLT ODER AUS DER DOSE SEIN

Je frischer ein Lebensmittel desto größer sein Nährstoffgehalt – vor allem bei Obst und Gemüse. Durch lange Transportwege und Lagerung gehen aber schnell Vitamine verloren. Wird Obst und Gemüse dagegen nach der Ernte sofort tiefgekühlt – was bei heutigen Verfahren der Fall ist – bleiben diese Nährstoffe besser erhalten.

Das kostet allerdings Energie bei der Herstellung und der Lagerung im Tiefkühlhaus. So gesehen sind frische, regionale Produkte für die Umwelt besser. Stammen die frischen Erdbeeren allerdings aus Spanien, sieht das schon anders aus. TK-Produkte sind also grundsätzlich nicht klimaschädlicher als frische.

Darum: Frische, saisonale Ware ist prinzipiell immer die erste Wahl. Außerhalb der Saison und verglichen mit über lange Strecken transportierten Lebensmitteln, ist Tiefkühlware allerdings eine gute Alternative.

Auch Lebensmittel aus der Dose bieten eine Alternative zu frischen. Unschlagbar ist hierbei die lange Haltbarkeit. Allerdings verliert Obst und Gemüse durch den Sterilisationsprozess mehr Nährstoffe. Und auch der Herstellungsprozess von Konservendosen oder Glasbehältern fordert einen äußerst hohen Energieaufwand.

Darum: Eingemachtes in Dosen oder Gläsern möglichst nur als Alternative wählen, wenn saisonal nichts Frisches im Angebot ist.

PLASTIKFREI EINKAUFEN …

Jeder Bundesbürger produziert heute im Schnitt rund 37 Kilo reinen Plastik-Verpackungsmüll. Nicht zuletzt deswegen, weil Obst und Gemüse zu 63 % verpackt angeboten werden. Und bei bestimmten Produkten wiegt allein die Verpackung schon fast halb so viel wie der Inhalt (z. B. bei Pralinen). Absoluter Verpackungswahnsinn!

Darum: Wann immer möglich „ohne" wählen. Auch weil das den Druck auf die Hersteller erhöht, mit weniger oder anderen Verpackungen zu arbeiten.

… UND ZUHAUSE GUT VERPACKEN

Auch in der eigenen Küche kommt man ums Verpacken nicht herum: Speisereste oder angebrochene Lebensmittel sollten zu Lagerungszwecken verpackt werden. Alu- oder Plastikfolie sind hier altbekannte Mittel – und wirklich von gestern. Die Probleme bei Plastik sind inzwischen mehr als bekannt. Bei Alufolie lösen sich in Kontakt mit säurehaltigen, sehr salzigen oder fettigen Lebensmittel Aluminiumanteile und gelangen so über das Essen in den Körper.

Darum: Auf Alufolie verzichten und Plastikfolie wirklich nur verwenden, wenn es gar nicht anders geht. Gute Alternativen sind Butterbrot- oder Wachspapier.

REZEPTE

VEGAN

SMOOTHIE BOWL „ISS DICH GLÜCKLICH“

Diese Bowl erfreut nicht nur das Auge, sondern lässt Sie voller Energie und Freude in den neuen Tag starten. Die Früchte sind angenehm süß und reich an Ballaststoffen. So sollte jeder Morgen beginnen!

ZUTATEN

FÜR 2 KLEINE ODER 1 GROSSE PORTION

1 Apfel

200 ml Kokosdrink

150 g TK-Heidelbeeren

1 TL Mandelmus

2 EL Hirseflocken

Außerdem

2 frische Feigen

1 Handvoll frische Himbeeren

2 EL Kokoschips

1. Den Apfel waschen, vierteln und das Kerngehäuse entfernen.
2. Alle Zutaten für die Bowl in einen Standmixer geben und zu einer cremigen Masse mixen. Alternativ kann ein Stabmixer verwendet werden.
3. Den Smoothie auf zwei Schüsseln verteilen.
4. Die Feigen waschen, halbieren und in Scheiben schneiden. Die Himbeeren verlesen und waschen. Zum Schluss die Bowl mit den Feigen, den Himbeeren und den Kokoschips toppen und genießen.

TIPP

Für mehr Abwechslung in der Schüssel können auch Banane und Himbeeren anstelle des Apfels und der Heidelbeeren verwendet werden. Und für das Topping Nüsse und Kakao-Nibs.

VEGAN

DINKELWAFFELECKEN MIT BANANE

Was gibt es Schöneres als leckere Waffeln am Morgen? Und wenn die dann noch mit Banane und Erdbeeren zubereitet werden, wird daraus ein veganer Genuss de luxe.

ZUTATEN

FÜR 3-4 PORTIONEN

275 g Dinkelmehl

Salz

gemahlener schwarzer Pfeffer

2 TL Backpulver

75 g weiche Margarine

75 g Rohrohrzucker

1 Banane

500 ml Cashewdrink

Außerdem

Pflanzenöl

350 g Erdbeeren

Ahornsirup

1 Ein Waffeleisen vorheizen und nach Bedarf mit etwas Öl ausstreichen. Für den Teig das Dinkelmehl mit je 1 Prise Salz und Pfeffer, und Backpulver in einer Schüssel gut vermischen. Die Margarine mit Rohrohrzucker in einer zweiten Schüssel mit einem Handrührgerät cremig rühren. Dann die Banane schälen, mit einer Gabel zerdrücken und das Mus zum Fett-Zucker-Gemisch geben und unterrühren. Den Mehlmix und den Cashewdrink hinzufügen und alles zu einem glatten Teig verrühren.

2 Aus dem Teig nacheinander 3–4 Waffeln backen. Dafür den Waffelteig portionsweise in das vorgeheizte Waffeleisen füllen und die Waffeln goldbraun backen.

3 Die Erdbeeren waschen, den Stielansatz entfernen und halbieren. Die Waffeln in Ecken teilen, auf einem Teller anrichten und mit den Erdbeeren und etwas Ahornsirup servieren.

TIPP

Für eine kleine Version der Waffelecken 1 EL Teig in die Mitte des Waffeleisens geben und ausbacken. Die Waffelecken sind ein leckerer Snack für zwischendurch.

AVOCADO MIT EI AUS DEM BACKOFEN

Gäste vegetarisch zum Frühstück oder Brunch überraschen? So simpel wie das Rezept ist, so toll sind die Komplimente an die Köchin oder den Koch.

ZUTATEN

FÜR 2 PORTIONEN

1 Avocado

½ TL Zitronensaft

2 kleine Eier (Größe M)

Salz

gemahlener schwarzer Pfeffer

1 EL gehackter Schnittlauch

1 Den Backofen auf 200 °C (Ober-/Unterhitze) vorheizen und eine kleine Auflaufform bereitstellen. Dann die Avocado längs halbieren und den Kern entfernen. Das Fruchtfleisch mit Zitronensaft beträufeln oder bepinseln.

2 Je ein Ei in eine kleine Schale schlagen und vorsichtig in die Avocadohälften geben. Das überschüssige Eiweiß anderweitig verwenden. Die gefüllten Avocados so in die Auflaufform stellen, dass sie auf keinen Fall umfallen. Mit Salz und Pfeffer würzen und im Backofen ca. 15 Minuten garen. Zum Schluss mit den Schnittlauchröllchen garnieren und servieren.

Variante: Mit Ziegenfrischkäse

Die vorbereiteten Avocadohälften anstatt mit frischen Eiern mit Ziegenfrischkäse füllen und kurz überbacken.

TIPP

Ganz einfach ein eigenes Avocado-Bäumchen ziehen: Den Kern mit zwei Hölzchen (Zahnstochern) fixieren und in ein Glas mit Wasser geben, sodass ein Teil vom Kern ins Wasser ragt. Sobald der Kern austreibt, diesen in einen Topf mit ein wenig Blumenerde einpflanzen.

EIN GUTER GRUND:

... ab und zu Avocados zu essen: Avocados sind gesund, keine Frage: Reichlich Vitamine und Spurenelemente und wertvolle (Omege-3-)Fettsäuren, die ansonsten in diesem Maße nur in Fisch, Nüssen oder Leinöl enthalten sind. Ideal also für Veganer (auch als Butterersatz) und Vegetarier. Darum ist ein wahrer Hype um diese Frucht entstanden, die hauptsächlich in Südamerika, speziell in Mexiko, angebaut wird. Dort führt die verstärkte Nachfrage zu immer mehr Problemen bei der Beschaffung neuer Anbauflächen: Zwischen 1500 und 4000 Hektar Wald wird dort dafür jährlich gerodet. Zusammen mit der nötigen intensiven Bewässerung und dem langen Transportweg macht das die Superfrucht aus Übersee ökologisch eigentlich unvertretbar.

Darum: Wer sich ab und zu das Gesundheitsplus und den Geschmack von Avocados leisten will, sollte dafür etwas mehr ausgeben und zu Avocados mit Bio-Kennzeichnung greifen, die in Spanien oder Israel nachhaltiger angebaut werden und kürzere Transportwege haben.

VEGAN

EXOTISCHER EISKAFFEE

Dieser Eiskaffee ist perfekt an heißen Sommertagen! Die kalte und süße Kokosmilch ist nicht nur erfrischend, sondern auch der Kaffee schmeckt dadurch besonders exotisch.

ZUTATEN

FÜR 2 PORTIONEN

2 Tassen Espresso

4 frische Datteln

150 ml Kokosmilch (aus der Dose)

¼ TL Bourbon-Vanillepulver

Außerdem

1 Handvoll Eiswürfel

1 Den Espresso brühen und etwas auskühlen lassen.

2 Die Datteln entsteinen. Gemeinsam mit der Kokosmilch und dem Vanillepulver in einen Standmixer geben und pürieren.

3 Die Eiswürfel in ein Glas geben, den abgekühlten Espresso hinzufügen und mit der Dattel-Kokosmilch aufgießen.

TIPP

Um einen echten Wachmacher-Smoothie zu erhalten, alle Zutaten gemeinsam mit 1 Banane im Standmixer oder mit einem Stabmixer zu einer cremigen Masse pürieren.

JOGHURT MIT ERDBEEREN

Dieses Rezept ist ein Lebensretter für alle, die es morgens eilig haben. Es ist im Handumdrehen zubereitet und trotzdem unschlagbar lecker.

ZUTATEN

FÜR 2 PORTIONEN

Für das Knuspermüsli

1 reife Banane

2 EL Zucker

150 g Haferflocken

80 g Hirseflocken

30 g gepuffter Amarant

Für den Joghurt

4 frische Erdbeeren

400 g Joghurt

1 Für das Knuspermüsli den Backofen auf 180 °C (Ober-/Unterhitze) vorheizen. Ein Backblech mit Backpapier auslegen.

2 Die Banane schälen und mit einer Gabel zerdrücken. Den Zucker zusammen mit 3 EL Wasser einrühren.

3 Haferflocken, Hirseflocken und Amarant in eine Schüssel geben und durchmischen. Die restlichen Zutaten hinzufügen und alles gut vermengen.

4 Die Flockenmischung auf dem Backblech verteilen und für ungefähr 20 Minuten in den Backofen geben. Nach etwa 10 Minuten mit einem Holzlöffel umrühren. Das Knuspermüsli herausnehmen, abkühlen lassen und in ein großes luftdichtes Vorratsglas füllen.

5 Zum Servieren die Erdbeeren verlesen, waschen und vom Stielansatz befreien. Die Früchte der Länge nach in Scheiben schneiden. Den Joghurt in zwei Gläser füllen und mit je 2 EL hausgemachtem Knuspermüsli und den frischen Erdbeeren garnieren.

KNUSPRIGER SUPERFOOD-RIEGEL

Müsliriegel sind der perfekte Snack während und nach dem Sport! Die darin enthaltenen Nüsse und Kerne machen diese Riegel besonders proteinreich und nahrhaft.

ZUTATEN

FÜR 8 RIEGEL

- 1 Banane
- 2 EL Milch
- Saft von 1 Zitrone
- 40 g Mandeln
- 30 g Kürbiskerne
- 40 g Datteln (ohne Stein)
- 150 g Haferflocken
- 25 g gemahlene Leinsamen

1. Den Backofen auf 180 °C (Ober-/Unterhitze) vorheizen und ein Backblech mit Backpapier auslegen.
2. Die Banane schälen und mit einer Gabel in einer Schüssel zerdrücken. Die Milch und den Zitronensaft einrühren.
3. Mandeln, Kürbiskerne und Datteln fein hacken. Haferflocken und Leinsamen in eine Schüssel geben. Dann das Bananenpüree hinzufügen und gut miteinander vermengen.
4. Mithilfe einer Tasse (70 ml) die Haferflocken-Nuss-Masse in 8 gleich große Portionen teilen. Diese mit den Händen zu gleich großen Riegeln formen und auf das vorbereitete Backblech legen. Die Riegel etwa 20 Minuten goldbraun backen. Nach 10–12 Minuten wenden. Herausnehmen, etwas abkühlen lassen und genießen.

TIPP

Anstelle der Datteln können auch andere Trockenfrüchte, wie z. B. Feigen oder Aprikosen, verwendet werden. Auch die Haferflocken können alternativ durch Roggen- oder Hirseflocken ersetzt werden.

EIN GUTER GRUND:

In den Riegeln stecken neben gesundem Getreide, Nüssen und Kernen auch Leinsamen. Diese unterschätzte Saat steuert wertvolle Omega-3-Fettsäuren bei, die unser Körper nur über Nahrung – vor allem Fisch – bezieht und nicht selber bilden kann. Wer auf Fisch und Meeresfrüchte verzichtet, tut also gut daran Lein-, Chia-Samen oder Walnüsse zu essen, in denen reichlich von der Omega-3-Fettsäure Alpha-Linolensäure steckt. Gegenüber dem gehypten Chia-Korn aus Mittelamerika haben Leinsamen in Sachen Omega-3-Fettsäuren sogar die Nase vorn und können ohne lange Transportwege hierzulande angebaut werden – das macht sich auch im Preis mehr als deutlich bemerkbar.

VEGAN

APFEL-INGWER-SMOOTHIE

Mit diesem Frühstücks- und Power-Drink wird jeder hellwach und startet voller grüner Energie in den Tag.

ZUTATEN

FÜR 500 ML

2 grüne Äpfel

½ Bio-Salatgurke

1 kleines Stück frischer Ingwer (ca. 3 cm)

150 ml kalter grüner Tee

Außerdem

1 Möhre (nach Belieben)

1 Die Äpfel waschen, vierteln, das Kerngehäuse entfernen und klein schneiden. Die Salatgurke putzen, waschen und längs halbieren. Den Ingwer schälen und in kleine Stücke schneiden.

2 Die vorbereiteten Zutaten mit dem grünen Tee in einem Standmixer pürieren und auf zwei Gläser verteilen.

3 Nach Belieben die Möhre putzen, schälen, längs vierteln und zum Umrühren in die Gläser stecken.

TIPP

Werden ausschließlich Bio-Zutaten verwendet, dann sollten die Schalen von den Äpfeln, der Gurke sowie dem Ingwer nicht entfernt werden, denn so geben sie dem Smoothie mehr Farbe und Würze.

VEGAN

PAUSENBROT MIT ROTE-BETE-HUMMUS

Langweilige Pausenbrote waren gestern! Die Rote Bete verleiht dem Hummus nicht nur eine fabelhafte Farbe, sondern in Kombination mit Kokos auch einen fantastischen Geschmack.

ZUTATEN

FÜR 2 PORTIONEN

Für den Hummus

1 Knoblauchzehe

150 g Rote Bete

240 g Kichererbsen (aus der Dose)

Saft von 1 Limette

50 ml Kokosmilch (aus der Dose)

1 EL Tahin (Sesammus)

Salz

Für die Pausenbrote

2 Scheiben Dinkelvollkornbrot

1 Handvoll Salat (z. B. Feldsalat)

frisches Kokosnussfleisch (in Streifen geschnitten)

gemahlener schwarzer Pfeffer

1 TL weißer und schwarzer Sesam

1 Die Knoblauchzehe und die Rote Bete schälen und vierteln. Die Kichererbsen abtropfen lassen. Dann die Rote Bete und den Knoblauch gemeinsam mit den Kichererbsen sowie Limettensaft, Kokosmilch, Tahin, 2 EL Wasser und 1 Prise Salz in einen Standmixer geben und cremig pürieren.

2 Die Brotscheiben mit je 2 EL Rote-Bete-Hummus bestreichen. Den Salat waschen und trocken schütteln. Die Brote mit den Salatblättern und den Kokosnussfleisch-Streifen belegen. Vor dem Servieren mit etwas Pfeffer würzen und mit dem Sesam garnieren.

EIN GUTER GRUND:

... Tahin im Haus zu haben: Tahin ist eine Paste aus zermahlenem Sesam. Wie Sesam selbst enthält sie in hohem Maße gesunde ungesättigte Fettsäuren (u. a. Omega-6-Fettsäure), pflanzliches Protein und Eisen, an das Veganer und Vegetarier schwerer kommen als Fleischesser. Gedoppelt und ergänzt in seiner Wirkung wird es hier durch Kichererbsen und Zitronensaft: Denn Vitamin C fördert die Aufnahme von Eisen. Tahin macht viele Dips cremig, passt in einen Smoothie oder anstelle von Butter als Brotaufstrich – mit Salz, Pfeffer, ein paar Radieschen-, Gurken- oder Tomatenscheiben obenauf – fertig!

TIPP

Länger haltbar: Ungeöffnet ist Kokosmilch sogar Monate haltbar. Einmal geöffnet, sollte sie allerdings kühl gelagert und schnellstmöglich verbraucht werden. Da sich Fett und Wasser in der Regel bei längerer Lagerung trennen, sollte die Dose vor dem Öffnen immer gut geschüttelt bzw. vor Gebrauch durchgerührt werden.

VEGAN

FOCACCIA MIT TOMATEN UND OLIVEN

Ein italienischer Klassiker, der sich bestens als Vorspeise oder als Beilage eignet. Das sorgt einfach für reichlich Urlaubs-Feeling!

ZUTATEN

FÜR 2–3 PORTIONEN

1 Pck. Trockenhefe

1 Prise Zucker

500 g Weizenmehl

100 g schwarze und grüne Oliven

2 Zweige Rosmarin

2 Knoblauchzehen

400 g kleine Tomaten mit Rispen

1 TL Salz

100 ml Olivenöl

Hartweizengrieß

1 Die Hefe mit dem Zucker in 250 ml lauwarmem Wasser auflösen. Das Mehl in eine große Schüssel sieben, in der Mitte eine Mulde formen und das Hefewasser hineingießen. Mit ein wenig Mehl vom Rand bestäuben. Die Schüssel mit einem sauberen Küchentuch abdecken und den Vorteig etwa 30 Minuten ruhen lassen.

2 Die Oliven halbieren und entkernen. Den Rosmarin waschen, trocken schütteln, die Nadeln abstreifen und etwas kleiner schneiden. Die Knoblauchzehen schälen und fein würfeln. Die Tomaten vorsichtig waschen, sodass sie an den Rispen bleiben.

3 Anschließend den Vorteig mit Salz und 1 EL Olivenöl zu einem geschmeidigen Teig kneten. Diesen zu einer Kugel formen, in Frischhaltefolie wickeln und nochmals bei Zimmertemperatur ca. 30 Minuten ruhen lassen.

4 Den Backofen auf 200 °C (Ober-/Unterhitze) vorheizen. Ein Backblech mit höherem Rand mit 50 ml Olivenöl einfetten. Auf einer Arbeitsplatte etwas Hartweizengrieß ausstreuen und darauf den Teig nochmals durchkneten, dann etwa in Backblechgröße ausrollen und auf das Backblech legen.

5 Mit den Fingern auf der Teigoberfläche Vertiefungen formen. Darauf Oliven, Knoblauch und Rosmarin verteilen sowie die Tomaten mitsamt der Rispen dekorativ auf mehrere Stellen geben. Alles mit dem restlichen Olivenöl beträufeln.

6 Die Focaccia im vorgeheizten Ofen (Mitte) etwa 30 Minuten knusprig backen. Herausnehmen, kurz abkühlen lassen und noch warm genießen.

TIPP

Je kleiner die verwendeten Tomaten sind, desto intensiver schmecken sie. Für die Focaccia daher möglichst kleine Tomaten, etwa Kirschtomaten mit Rispen, wählen. Um sie besser auf dem Teig verteilen zu können, einfach die Rispen mit der Schere durchschneiden.

ROHER SAUERKRAUT-DIP

Dieser Dip ist ein echter Hit auf dunklem Brot: Herrlich cremig und ein wenig säuerlich zugleich – hier kommen alle Brotzeitliebhaber auf ihre Kosten! Wer mag, kann noch etwas frisch gehackte Petersilie oder Schnittlauch beimischen.

ZUTATEN

FÜR 2 PORTIONEN

1 kleines Stück frischer Ingwer (ca. 3 cm)

300 g rohes Sauerkraut

150 g Joghurt

Salz

gemahlener schwarzer Pfeffer

Cayennepfeffer

1 Den Ingwer schälen und fein reiben. Das rohe Sauerkraut fest ausdrücken und fein hacken. Den Ingwer und das Sauerkraut mit dem Joghurt verrühren und mit Salz, Pfeffer und Cayennepfeffer abschmecken.

TIPP

Mit einem Löffel kann man den Ingwer besonders gut schälen. Einfach den Ingwer in die eine Hand nehmen und den Löffel in die andere. Den Löffel dicht an die Ingwerknolle halten und die Schale mit der runden Seite des Löffels abschaben.

SÜSSKARTOFFELN AUS DEM BACKOFEN

Die süß schmeckenden Kartoffeln sind auch unter dem Namen "Bataten" bekannt. Die bräunlich, orange bis weißlich aussehenden Pflanzenknollen vertragen sich äußerst gut mit Ingwer.

ZUTATEN

FÜR 2 PORTIONEN

600 g Süßkartoffeln

1 kleines Stück frischer Ingwer (ca. 3 cm)

3 EL Olivenöl

2 EL Honig

1 Prise gemahlener Kardamom

Meersalz

grob geschroteter schwarzer Pfeffer

1 Den Backofen auf 200 °C (Ober-/Unterhitze) vorheizen. Die Süßkartoffeln putzen, schälen und in mundgerechte Würfel schneiden.

2 Den Ingwer schälen und fein reiben. Mit den Süßkartoffelwürfeln, Olivenöl, Honig und Kardamom vorsichtig und gründlich mischen.

3 Die Süßkartoffeln in eine Auflaufform füllen und mit Meersalz und Pfeffer würzen. Im Backofen (Mitte) ca. 25 Minuten knusprig garen. Zwischendurch einmal durchmischen. Dann herausnehmen, kurz abkühlen lassen und genießen.

TIPP

Diese Ofenkartoffeln machen sich auch sehr gut als Beilage und können zusammen mit anderen Gemüsesorten zubereitet werden.

EIN GUTER GRUND:

… sich ab und an Süßkartoffeln zu gönnen: Süßkartoffeln sind ausgesprochen gesund und enthalten einen hohen Anteil an Vitaminen und Mineralstoffen (z. B. viel Beta Carotin, Vitamin A und E). Da ihr Ballaststoffgehalt höher als der normaler Kartoffeln ist, machen sie angenehm lange satt. Aber viele Süßkartoffeln stammen aus Übersee und Israel. Das bedeutet nicht nur lange Wege mit hoher CO_2-Bilanz, sondern auch, dass die Kartoffeln meist für den Transport in Plastik eingeschweißt werden, das im Müll landet.

Darum: Wer Süßkartoffeln mit gutem Gewissen genießen möchte, sollte auf die Herkunft achten und welche aus Spanien, Portugal oder Italien nehmen – oder aus Deutschland. Aufgrund der hohen Nachfrage werden auch hierzulande immer mehr Süßkartoffeln angebaut.

BUNTE WRAPS

Diese Wraps sind wahres Seelenfutter, denn farbenfrohes Essen bewirkt Wunder. Rotkohl, Paprika- und Karottenstreifen verwandeln dieses Gericht in ein Farbenmeer.

ZUTATEN

FÜR 4 PORTIONEN

Für das Dressing

¼ Bund frischer Dill

Saft von 1 Zitrone

1 EL Mandelmus

1 TL Honig

2 EL Öl

Salz

Für die Wraps

¼ Blumenkohl

1 TL Öl

1 Handvoll Cashewkerne

4 Vollkorn-Tortillas

1 Handvoll Blattsalat

½ Rotkohl

2 Möhren

½ gelber Paprika

Außerdem

1 Handvoll Gartenkresse

2 TL schwarzer Sesam

1 Für das Dressing den Dill waschen, trocken schütteln und fein hacken. Aus Zitronensaft, etwas Wasser, Mandelmus, Honig, Öl und 1 Prise Salz ein Dressing anrühren und etwa 10 Minuten ziehen lassen.

2 Für die Wraps den Blumenkohl waschen und in kleine Röschen teilen. Öl in einer Pfanne erhitzen und den Blumenkohl 10 Minuten bei mittlerer Hitze darin dünsten. Nach 6–7 Minuten die Cashewkerne hinzufügen.

3 Den Ofen auf 160 °C (Umluft) vorheizen. Die Tortilla-Fladen in Backpapier wickeln und 7–8 Minuten im Ofen erwärmen.

4 Den Blattsalat waschen, trocken schütteln und zerzupfen. Den Rotkohl waschen und fein hobeln. Die Möhren putzen, schälen und mit einem Spiralschneider in feine Streifen schneiden. Paprika ebenfalls in feine Streifen schneiden. Blattsalat, Rotkohl, Möhren, Paprika, Blumenkohl sowie Cashewkerne in eine Schüssel geben und mit dem Dressing vermischen.

5 Die Tortillas aus dem Ofen nehmen und mit dem bunten Salat füllen. Vor dem Servieren mit etwas frischer Gartenkresse und ein wenig schwarzem Sesam bestreuen.

EIN GUTER GRUND:

... Reste zu verbrauchen: Weltweit landet rund ⅓ der produzierten Lebensmittel im Müll. So werden unnötig Ressourcen verbraucht und das Klima belastet. Die Wraps eignen sich perfekt dazu, auch noch den kleinsten Rest zu verwerten: Sie gelingen z. B. mit übrigen Kartoffeln vom Vortag oder mit Resten von rohem oder gekochtem Gemüse. Sie können sie nach Lust, Laune, Saison und Vorrat befüllen.

VEGAN

SPANISCHE SALSA VERDE

Grundzutaten sind die Blätter frischer Kräuter, ob Petersilie oder Basilikum. Die Schärfe der Salsa verde wird durch köstliches Olivenöl perfekt abgerundet.

ZUTATEN

FÜR 2 PORTIONEN

2 Knoblauchzehen

1 Schalotte

6 EL Olivenöl

250 g grüne TK-Erbsen

1 Lorbeerblatt

1 kleines Bund gemischte Kräuter (Petersilie, Oregano, Basilikum)

1 kleine grüne Chilischote

Saft von ½ Zitrone

Meersalz aus der Mühle

gemahlener schwarzer Pfeffer

1 Die Knoblauchzehen sowie die Schalotte schälen und fein würfeln. In einer Pfanne 2 EL Olivenöl erhitzen und die Knoblauch- und Schalottenwürfel ca. 1 Minute darin andünsten. Die Erbsen unaufgetaut hinzufügen und mit dem Lorbeerblatt bei kleiner Hitze einige Minuten dünsten. Anschließend den Pfanneninhalt abkühlen lassen. Das Lorbeerblatt entfernen.

2 Die Kräuter waschen, trocken schütteln, die Blätter abzupfen und klein schneiden. Die Chilischote halbieren, entkernen und klein schneiden.

3 Alle vorbereiteten Zutaten in einem Standmixer mit dem restlichen Olivenöl und dem Zitronensaft cremig pürieren. Mit ein wenig Meersalz und Pfeffer würzen.

Das schmeckt dazu:

Verschiedenes Gemüse wie Möhren, Stangensellerie, Zucchini und Salatgurke zum Dippen. Zusätzlich kann man auch Weißbrot und spanischen Käse, wie Manchego dazu servieren.

Variante:

Wenn die Sauce schärfer werden soll, einfach etwas mehr Chili hineingeben. Die Konsistenz und Cremigkeit kann nach Belieben variiert werden, indem mehr oder weniger Olivenöl verwendet wird.

EIN GUTER GRUND:

... Kräuter gleich büschelweise zu kaufen: Kräuter verfeinern nicht nur Speisen, sondern enthalten große Mengen an Vitaminen, Mineralstoffen und sekundären Pflanzenstoffen, wie hier im Fall von Petersilie: Beta-Carotin, Folsäure und Mangan. Also ruhig üppig Petersilie, Basilikum, Dill und Co. gehackt über Speisen streuen! Frisch im Bund sind sie oft preiswert und auf jeden Fall plastikverpackter Ware vorzuziehen, bei der man neben dem anfallenden Plastikmüll oft die Packung kräftig mitbezahlt. Bleiben Kräuter übrig, auf keinen Fall wegwerfen: In ein feuchtes Tuch oder Küchenpapier geschlagen und in eine Plastiktüte gepackt, lassen sie sich im Gemüsefach mehrere Tage lagern. Bei kleinen Resten einfach klein hacken und in kleinen Gefrierdöschen einfrieren. So lassen sie sich später direkt gefroren in warmen Speisen verarbeiten.

VEGAN

GRÜNE-BOHNEN-SALAT MIT ZITRONENÖL

Diese knackigen grünen Bohnen, verfeinert mit würzig-zitronigen Aromen, schmecken wunderbar zu Gegrilltem. Sie eignen sich aber auch super als kalte Mahlzeit mit Brot und Käse.

ZUTATEN

FÜR 2 PORTIONEN

Für das Zitronenöl

3 Bio-Zitronen

500 ml Olivenöl

Für den Salat

500 g grüne Bohnen

Salz

1 Zwiebel

2 Knoblauchzehen

1 Zweig Thymian

50 g grüne Oliven

4 EL Zitronenöl

gemahlener schwarzer Pfeffer

1 Für das Zitronenöl die Zitronen mit heißem Wasser waschen, abtrocknen und mit einem Zestenreißer feine Zesten von der Schale abziehen. (Das geht auch mit einem Sparschäler – aber unbedingt darauf achten, dass keine weiße bittere Haut dabei ist.) In einem Topf Wasser aufkochen. Die Zitronenzesten in ein Haarsieb geben und ca. 1 Minute im kochenden Wasser lassen. Dann auf Küchenpapier abtropfen lassen, in eine Flasche oder ein entsprechendes Gefäß geben und mit dem Olivenöl begießen. Fest verschließen und ca. 1 Woche dunkel und kühl lagern. Zum Schluss die Zitronenzesten vollständig entfernen.

2 Für den Salat die Bohnen putzen und waschen. In einem Topf Salzwasser zum Kochen bringen und die Bohnen darin etwa 3 Minuten kochen lassen. Anschließend abgießen, mit kaltem Wasser abschrecken und abtropfen lassen.

3 Die Zwiebel und die Knoblauchzehen schälen und fein würfeln. Den Thymian waschen, trocken schütteln und die Blättchen abzupfen. Die Oliven halbieren, entsteinen und in Streifen schneiden. In einer Pfanne 2 EL Zitronenöl erhitzen und Zwiebel- und Knoblauchwürfel darin 1 Minute andünsten.

4 Die Bohnen hinzufügen und mit Salz und Pfeffer würzen. Einige Minuten schwenken, dabei 2 EL Zitronenöl zugießen. Zuletzt den Thymian und die Olivenstreifen unterziehen. Die Bohnenmischung in eine Servierschüssel füllen und den Salat heiß, lauwarm oder gut gekühlt genießen.

APFEL-MÖHREN-SALAT MIT NÜSSEN

Für diesen Salat wird ein cremiges Zitronendressing gerührt. Nach Belieben schmecken frisch gehackte Kräuter wie Kresse, Petersilie oder Kerbel sehr gut dazu. Lecker, leicht und gesund!

ZUTATEN

FÜR 2 PORTIONEN

1 Bio-Zitrone

100 g Joghurt

1 Msp. mittelscharfer Senf

Salz

gemahlener schwarzer Pfeffer

½ TL Apfeldicksaft

1 kleines Kopfsalatherz

250 g Möhren

2 mittelgroße Äpfel

Außerdem

1 EL Haselnussblättchen

Zucker

1 Die Zitrone heiß waschen, abtrocknen und die Hälfte der Schale fein abreiben. Die Zitrone so schälen, dass auch die weiße Haut entfernt wird. Zwischen den Hautsegmenten 4 Zitronenfilets heraus schneiden. Aus dem restlichen Fruchtfleisch den Saft auspressen.

2 Den Joghurt und den Senf verrühren. Mit etwas Salz und Pfeffer würzen und mit dem Apfeldicksaft sowie einem Teil des Zitronensafts gut abschmecken.

3 Den Kopfsalat entblättern, waschen und trocken schütteln. Die Möhren putzen, schälen und grob raspeln. Die Äpfel schälen, vierteln und das Kerngehäuse entfernen. Die Viertel in Stifte schneiden und mit dem restlichen Zitronensaft beträufeln. Die Möhren und den Zitronenabrieb locker unterheben.

4 Die Kopfsalatblätter auf zwei Teller verteilen. Mit den Möhren und den Äpfeln belegen. Die Zitronenfilets klein schneiden und daraufgeben. Alles mit Zitronendressing beträufeln.

5 Die Haselnussblättchen in einer beschichteten heißen Pfanne ohne Fett kurz rösten. Anschließend mit 1 Prise Zucker bestreuen. Sobald sich dieser aufgelöst hat, den Pfanneninhalt über dem Salat verteilen und sofort genießen.

EIN GUTER GRUND:

… Möhrengrün nicht wegzuwerfen: Wenn Sie junge Bio-Möhren mit schönem Grün bekommen, das Grün unbedingt verarbeiten. Zum Wegwerfen ist es nämlich viel zu lecker! Es schmeckt z. B. klein gehackt auf dem Salat oder als Pesto zu Nudeln. Dazu ca. 50 g Möhrengrün mit 25 g Nüssen oder Kernen nach Wahl, 80 ml Olivenöl, 40 g Parmesan, 1 Knoblauchzehe, etwas Salz und Pfeffer pürieren. In einem Schraubglas mit etwas Öl bedeckt hält sich das Pesto mindestens 5 Tage im Kühlschrank – No Waste!

TIPP

Äpfel oder Birnen verfärben sich beim Anschneiden schnell bräunlich. Optisch sieht das natürlich nicht so ansprechend aus, kann jedoch bedenkenlos gegessen werden. Um dieser Verfärbung aber vorzubeugen, können diese Lebensmittel mit ein wenig Zitronensaft beträufelt werden.

BAUERNSALAT MIT SCHAFSKÄSE

Dieser frische Sommersalat mit Olivenöl und Oliven schmeckt nicht nur von Griechenland bis Spanien. Das besondere Urlaubsfeeling stellt sich ein, wenn er in einer lauen Sommernacht mit einem Glas gekühltem Wein serviert wird.

ZUTATEN

FÜR 2 PORTIONEN

Für den Salat

1 kleines Salatherz (z. B. Romana)

½ kleine Salatgurke

2 Frühlingszwiebeln

2 Tomaten

1 Paprikaschote (rot oder grün)

50 g gemischte schwarze und grüne Oliven

150 g Feta (Schafskäse)

Für das Dressing

4 EL Olivenöl

2 EL Weißweinessig

Salz

gemahlener schwarzer Pfeffer

½ TL getrockneter Oregano

1. Das Salatherz in Blätter zerteilen, diese waschen, trocken schütteln und in Streifen schneiden. Die Salatgurke schälen und in Scheibchen schneiden. Die Frühlingszwiebeln putzen, waschen und klein würfeln.
2. Die Tomaten waschen und in Würfel schneiden. Die Paprikaschote halbieren, putzen, waschen, entkernen und in Streifen schneiden. Die Oliven nach Belieben entkernen. Den Feta in kleine Würfel schneiden. Alles in eine große Schüssel geben.
3. Aus Olivenöl, Weißweinessig, Salz, Pfeffer und Oregano ein Dressing anrühren und den Salat damit anmachen. Auf zwei Tellern verteilen und genießen.

Variante: Mit Ei und Kapern

Je nach Mittelmeerland enthält dieser Salat auch gekochte Eier und/oder Kapern. Hier kann ja nach Vorliebe frei variiert werden.

LINSENSALAT MIT ZAZIKI

Dieser erfrischende Salat enthält alles, was ein Wohlfühlgericht mit sich bringen muss. Der ausgewogene Geschmack und die Vielzahl an Proteinen und gesunden Fetten machen satt und glücklich.

ZUTATEN

FÜR 2 PORTIONEN

Für den Salat

200 g Linsen (aus der Dose)

½ Bund frisches Koriandergrün

50 g grüne Oliven

1 Handvoll Feldsalat

1 Avocado

Für das Dressing

Saft von ½ Zitrone

1 EL Olivenöl

1 EL Honig

Salz

Für das Zaziki

½ Bio-Salatgurke

150 g Joghurt

Saft von ½ Zitrone

1 TL Honig

Salz

1 Die Linsen abtropfen lassen und in eine Schüssel geben. Das Koriandergrün waschen, trocken schütteln und zusammen mit den Oliven hacken. Anschließend zu den Linsen geben.

2 Zitronensaft, etwas Wasser, Olivenöl und Honig anrühren. Mit 1 Prise Salz abschmecken und über den Linsensalat geben. Durchmischen und ca. 15 Minuten ziehen lassen.

3 Für das Zaziki die Gurke putzen, waschen und raspeln. In einem Sieb ca. 10 Minuten abtropfen lassen. Den Joghurt in eine Schüssel geben. Gurke, Zitronensaft, Honig und 1 Prise Salz zu einem cremigen Zaziki verrühren.

4 Den Feldsalat waschen und trocken schleudern. Die Avocado schälen, halbieren, vom Kern befreien und in dünne Streifen schneiden. Gemeinsam mit dem Feldsalat, dem Linsensalat und dem Zaziki auf zwei Tellern anrichten und servieren.

MÖHRENSUPPE MIT INGWER

Für den krönenden Abschluss einfach zum Servieren etwas Möhrengrün fein hacken und auf die Suppe streuen sowie etwas frischen Ingwer darüberreiben.

ZUTATEN

FÜR 2 PORTIONEN

500 g Möhren

1 Knoblauchzehe

1 kleines Stück frischer Ingwer (ca. 3 cm)

1 EL Butter

Currypulver

¾ l Gemüsebrühe

Salz

gemahlener schwarzer Pfeffer

Außerdem

2–3 EL Orangensaft

1 Die Möhren putzen, schälen und in Scheiben schneiden. Den Knoblauch und den Ingwer schälen und fein würfeln.

2 Die Butter in einem Topf erhitzen und Knoblauch und Ingwer kurz darin anbraten. Die Möhren hinzufügen, mit 1 Prise Currypulver würzen und die Gemüsebrühe angießen. Dann bei mittlerer Hitze etwa 15 Minuten köcheln lassen.

3 Die Suppe mit etwas Salz und Pfeffer würzen und mit einem Stabmixer cremig pürieren. Nochmals mit Salz und Pfeffer abschmecken und mit dem Orangensaft verfeinern.

TIPP

Fertige Bio-Ingwer-Konfitüre eignet sich hervorragend zur Geschmacksabrundung von vielen Cremesuppen. Einfach 1–2 TL in die fertige Suppe rühren und einen guten Appetit!

ROTE-BETE-SUPPE MIT APFEL

Diese Suppe kann man in großen Portionen vorkochen, denn sie schmeckt auch kalt mehr als köstlich. Der Geschmack der erdigen Roten Bete harmoniert wunderbar mit dem süß-säuerlichen Apfel.

ZUTATEN

FÜR 4 PORTIONEN

Für die Suppe

1 große Rote Bete (ca. 300 g)

1 großer Apfel (ca. 250 g)

1 kleines Stück frischer Ingwer (ca. 2 cm)

2 Knoblauchzehen

1 kleine Zwiebel

1 TL Öl

1 EL Apfelessig

½ TL Zucker

400 ml Gemüsebrühe

240 g gekochte Linsen

Salz

gemahlener schwarzer Pfeffer

Außerdem

2 EL Haselnusskerne

1 Handvoll Basilikumblätter

2 EL Joghurt

1. Die Rote Bete schälen und den Apfel waschen. Den Apfel vierteln und das Kerngehäuse entfernen. Den Apfel und die Rote Bete in etwa 1,5 cm große Würfel schneiden.
2. Ingwer, Knoblauch und Zwiebel schälen und in feine Würfel schneiden. Öl in einen Kochtopf geben und erhitzen. Die Würfel hinzufügen und andünsten. Nach etwa 3 Minuten mit 1 Schuss Apfelessig ablöschen und anschließend den Zucker einrühren.
3. Die Rote Bete, den Apfel und die Gemüsebrühe hinzufügen und aufkochen lassen. Die Temperatur reduzieren und weitere 20 Minuten köcheln. Etwa 5 Minuten vor Ende der Kochzeit die gekochten Linsen einrühren.
4. Alle Zutaten in einen Standmixer geben und pürieren. Mit 1 Prise Salz und Pfeffer abschmecken.
5. Die Haselnusskerne in einer Pfanne bei mittlerer Hitze rösten. Das Basilikum waschen, trocken schütteln und die Blätter abzupfen. Anschließend zusammen mit den Haselnusskernen grob hacken.
6. Die Suppe mit etwas Joghurt sowie den gerösteten Haselnüssen und Basilikumblättern garnieren.

EIN GUTER GRUND:

... öfter Hülsenfrüchte zu essen: Egal ob Bohnen, Linsen, Erbsen oder Kichererbsen: Die kleinen Früchtchen sind in Sachen Nährstoffe echte Kraftpakete. Sie punkten mit einem relativ hohen Anteil an Eiweiß und sind so tolle Alternativen zu Fleisch und Fisch. Und während bei der Erzeugung von 1 kg Rindfleisch etwa 36 kg CO_2 anfallen, kommen Hülsenfrüchte pro Kilogramm nur auf 0,9 kg CO_2 – ein gewaltiger Unterschied. Am besten kommen die Hülsenfrüchte dann natürlich auch noch aus der Region oder zumindest aus Europa. Auch wenn man den Wasserverbrauch betrachtet, schneiden Hülsenfrüchte deutlich besser ab: Während für die Erzeugung von 1 g Rindfleisch-Eiweiß durchschnittlich 112 l Wasser verbraucht werden, sind es für 1 g Protein aus Hülsenfrüchten nur 19 l. Und noch mehr Pluspunkte für Bohnen und Co.: Sie tun dem Boden und dem ökologischen Gleichgewicht gut.

KÜRBIS-KOKOS-SUPPE

Kürbis, ob nun Hokkaido, Butternut, Muskatkürbis oder eine andere individuelle Lieblingssorte, schmeckt aromatisiert und gewürzt mit Ingwer besonders gut. Ob angedünstet oder frisch zum Servieren, es ist einfach lecker!

ZUTATEN

FÜR 2 PORTIONEN

1 Kürbis (ca. 600 g, z. B. Butternut)

2 Knoblauchzehen

1 Zwiebel

1 EL Butter

300 ml Gemüsebrühe

Salz

gemahlener schwarzer Pfeffer

Currypulver

200 ml Kokosmilch (aus der Dose)

1 kleines Stück frischer Ingwer (ca. 3 cm)

1 Den Kürbis waschen, zerteilen, schälen, Kerne entfernen und das Fruchtfleisch in Würfel schneiden. Die Knoblauchzehen und die Zwiebel schälen und fein würfeln.

2 Die Butter in einem Topf heiß schäumend erhitzen und dann Zwiebeln und Knoblauch darin anbraten. Die Kürbisstücke hinzufügen, alles zusammen einige Minuten anbraten lassen und mit der Gemüsebrühe ablöschen. Ein wenig salzen, pfeffern und mit 1 Prise Currypulver abschmecken. Die Kokosmilch angießen und bei mittlerer Hitze ca. 20 Minuten köcheln lassen.

3 Den Ingwer schälen und fein reiben. Die Suppe mit einem Stabmixer pürieren, nochmal abschmecken und schließlich den Ingwer einrühren. Die Suppe auf Schalen verteilen und warm genießen.

TIPP

Wenn die Suppe flüssiger sein soll, einfach am Schluss noch 100 ml Apfel- oder Orangensaft in die Suppe rühren. Schmeckt toll fruchtig und passt sehr gut zu Ingwer und Kokosnuss.

KICHERERBSENKUCHEN MIT FRISCHKÄSE

Perfekt für einen verschlafenen Sonntagmorgen, denn Kuchen aus Kichererbsenmehl ist samt ofenfester Pfanne schnell im Backofen und lässt sich leicht mit köstlichen Zutaten belegen.

ZUTATEN

FÜR 2 PORTIONEN

Für den Teig

100 g Babyspinat

1 Zwiebel

1 Knoblauchzehe

2 EL Olivenöl

200 g Kichererbsenmehl

1 TL Salz

½ TL Backpulver

gemahlener schwarzer Pfeffer

5 g frische Bio-Kurkuma

125 g Joghurt

Außerdem

100 g Kräuterfrischkäse

6 Radieschen

1 Den Backofen auf 200 °C (Ober-/Unterhitze) vorheizen. Den Spinat verlesen, waschen, trocken schleudern und grob hacken. Zwiebel und Knoblauch schälen und beides fein hacken. Das Olivenöl in einer ofenfesten Pfanne erhitzen, Spinat, Zwiebel und Knoblauch darin kurz andünsten.

2 Das Kichererbsenmehl in einer Schüssel mit Salz, Backpulver und ¼ TL Pfeffer mischen. Die Kurkuma fein raspeln, mit Joghurt und 100 ml Wasser zum Mehlgemisch geben und alles zu einem geschmeidigen Teig verarbeiten. Den Spinat unter den Teig mischen. Den Teig in dieselbe ofenfeste Pfanne geben und im Backofen (mittlere Schiene) in 12–15 Minuten goldbraun backen.

3 Inzwischen für das Topping den Frischkäse cremig rühren. Die Radieschen waschen, vom Grün befreien und in hauchdünne Scheiben schneiden.

4 Den Kichererbsenkuchen herausnehmen und kurz auskühlen lassen. Anschließend mit dem Frischkäse bestreichen, mit den Radieschenscheiben belegen und servieren.

EIN GUTER GRUND:

... Spinat zu lieben. Spinat ist gesund, das wissen wir seit Popeye. Nicht jedermanns Sache ist das pelzige Gefühl, das Spinat beim Essen auf Zunge und Zähnen hinterlässt und das von der enthaltenen Oxalsäure (z. B. auch in Rhabarber) herrührt. Das lässt sich ganz leicht verhindern, indem man Spinat mit kalziumhaltigen Milchprodukten kombiniert, die den angegriffenen Zahnschmelz „glätten“. Der zarte Frühlingsspinat, der von März bis Mai geerntet wird, ist diesbezüglich milder, der von September bis November gedeihende Herbstspinat dagegen, kräftiger. Darum eignet sich letzterer eher zum Garen, der zarte, frühe auch für Salate.

TIPP

Zu früheren Zeiten wurde Kurkuma gerne als Färbemittel verwendet. Das wird zwar heute nicht mehr so intensiv genutzt, jedoch hat die Kurkuma nichts von ihrer Färbekraft eingebüßt. Aus diesem Grund ist es empfehlenswert, beim Schälen und Schneiden der Kurkuma Küchenhandschuhe zu tragen.

LIMONEN-SPAGHETTI MIT ZWIEBELN

Im Italienischen heißt die Zitrone Limone. Fälschlicherweise wird in deutschsprachigen Gebieten oft die Limette als Limone bezeichnet. Wie dem auch sei, diese Frucht verleiht der Pasta einen köstlichen Geschmack.

ZUTATEN

FÜR 2 PORTIONEN

1 große Zwiebel

1 Bio-Zitrone

250 g Spaghetti

Salz

½ kleines Bund Rucola

2 EL Olivenöl

gemahlener schwarzer Pfeffer

Außerdem

fein gehobelte Parmesanspäne (nach Belieben)

1 Die Zwiebel schälen, halbieren und in feine Streifen schneiden. Die Zitrone heiß waschen, abtrocknen und etwa die Hälfte der Schale fein abreiben. Anschließend die Zitrone halbieren und den Saft auspressen.

2 Die Spaghetti in reichlich kochendem Salzwasser bissfest garen. Inzwischen den Rucola verlesen, waschen und je nach Belieben halbieren oder dritteln.

3 Das Olivenöl in einer großen Pfanne erhitzen. Die Zwiebeln darin ca. 5 Minuten anbraten. Mit dem Zitronensaft ablöschen und dann den Zitronenabrieb unterrühren. Mit etwas Salz und Pfeffer würzen.

4 Die bissfest gegarten Spaghetti mit einem Schaumlöffel direkt aus dem Kochwasser in die Pfanne geben. Alle Zutaten locker vermischen und eventuell nochmals mit Salz und Pfeffer abschmecken. Kurz vor dem Servieren den Rucola unterheben und alles auf zwei tiefe Teller verteilen. Nach Belieben mit fein gehobelten Parmesanspänen bestreuen und genießen.

TIPP

Richtig aufbewahren: Zitronen sollten nicht mit anderem Obst oder Gemüse aufbewahrt werden. Insbesondere Äpfel haben den Effekt, ihre Nachbarn schneller reifen zu lassen, da sie Reifegase ausdünsten. Daher sollten die Zitronen regelmäßig auf ihren Zustand überprüft werden.

KARIBISCHE SÜSSKARTOFFEL-BURGER

Mit jedem Bissen ein Ambiente aus Sonne, Strand, Palmen und karibischen Rhythmen auf den Teller holen. Was für ein tolles Feeling und was für ein sagenhafter Burgerhochgenuss!

ZUTATEN

FÜR 4 PORTIONEN

Für die Patties

150 g Süßkartoffeln

125 ml Gemüsebrühe

60 g bunte Quinoa

1 kleine rote Zwiebel

70 g Mais (aus der Dose)

50 g Kichererbsen (aus der Dose)

40 g Weizenmehl

1 TL gemahlene Kurkuma

1 Eigelb (Größe M)

Salz

gemahlener schwarzer Pfeffer

Rapsöl

Für das Chutney

12 Kirschtomaten

3 Scheiben frische Ananas

1 kleine rote Zwiebel

2 Frühlingszwiebeln

2 EL Limettensaft

Außerdem

4 Burger-Brötchen

4 EL Mayonnaise

2 EL Gartenkresse

1 Die Süßkartoffeln putzen, schälen, würfeln und in kochendem Salzwasser ca. 15 Minuten garen. Anschließend abgießen und auskühlen lassen.

2 Inzwischen die Gemüsebrühe aufkochen, die Quinoa darin bei niedriger Hitze 20–25 Minuten köcheln lassen.

3 Die Zwiebel schälen und fein würfeln. Den Mais abtropfen lassen. Süßkartoffeln und Quinoa mit Zwiebel, Mais, Kichererbsen, Mehl, Kurkuma, Eigelb, ½ TL Salz und ¼ TL Pfeffer mischen und zu einem Teig verarbeiten. Aus der Masse mit feuchten Händen 4 gleich große Patties formen.

4 Das Öl in einer Pfanne erhitzen, die Patties darin bei mittlerer Hitze von beiden Seiten in 5–6 Minuten goldbraun backen. Die Burger herausnehmen und auf Küchenpapier entfetten.

5 Für das Chutney die Kirschtomaten waschen und vierteln. Die Ananasscheiben schälen und das Fruchtfleisch würfeln. Die Zwiebel schälen und fein würfeln. Die Frühlingszwiebeln putzen, waschen und in feine Ringe schneiden.

EIN GUTER GRUND:

... bei Burgern auf Fleisch zu verzichten: Bei der Produktion von einem Kilo Rindfleisch wird über 20-mal so viel CO_2 ausgestoßen wie bei der Produktion von Hülsenfrüchten. Im Mix mit Vollkorngetreide wie Haferflocken oder Pseudogetreide wie Quinoa liefern die pflanzlichen Patties trotzdem mindestens genauso hochwertiges Eiweiß. Aufgepeppt mit Gewürzen und Kräutern schmecken sie auch mindestens genauso gut.

6 Alle vorbereiteten Zutaten in einer Schüssel mischen, mit Limettensaft sowie Salz und Pfeffer abschmecken und zur Seite stellen. Anschließend die Burger-Brötchen aufschneiden und jeweils mit 1 EL Mayonnaise bestreichen. Die Patties auf die unteren Hälften legen und mit Chutney und Kresse belegen. Dann die oberen Brötchenhälften darauflegen, leicht andrücken und sofort genießen.

ZITRONIGES RISOTTO MIT AUBERGINEN

Bei diesem Risotto wird der Reis mit fein geriebener Zitronenschale gewürzt und die goldbraun gerösteten Auberginenstücke mit Zitronensaft beträufelt und unter das fertige Risotto gemischt.

ZUTATEN

FÜR 2 PORTIONEN

1 Aubergine (ca. 300 g)

Salz

1 Knoblauchzehe

2 Schalotten

½ Bund Petersilie

1 große Bio-Zitrone

6 EL Olivenöl

150 g Risottoreis (Rundkorn)

⅛ l trockener Weißwein

500 ml Gemüsebrühe

gemahlener schwarzer Pfeffer

1 EL Butter in Flöckchen

1 Die Aubergine putzen, waschen und klein würfeln. In eine Schüssel geben, salzen und ca. 20 Minuten ruhen lassen.

2 In der Zwischenzeit die Knoblauchzehe sowie die Schalotten schälen und fein würfeln. Die Petersilie waschen, trocken schütteln, die Blätter abzupfen und fein hacken. Die Zitrone heiß waschen, abtrocknen und die Schale fein abreiben. Anschließend den Saft auspressen.

3 2 EL Olivenöl in einem breiten Topf erhitzen und Knoblauch- und Schalottenwürfel ca. 1 Minute darin anschwitzen. Dann den Reis einstreuen, kurz schmoren lassen und unter Rühren mit Weißwein ablöschen. Während der etwa 20-minütigen Garzeit den Reis immer wieder mit etwas Gemüsebrühe angießen und umrühren.

4 Die Auberginenwürfel in einem Sieb gründlich waschen und mit Küchenpapier trocken tupfen. Anschließend in einer Pfanne das restliche Olivenöl erhitzen und die Auberginen von allen Seiten und unter Schwenken 5–6 Minuten darin goldbraun braten. Mit etwas Salz und Pfeffer würzen.

5 Kurz bevor der Reis gar ist, die Petersilie und die Zitronenschale unterrühren. Dann die gebratenen Auberginenwürfel mit dem Zitronensaft beträufeln und unter den Reis mischen. Zum Schluss die Butter unterheben, nochmal mit Salz und Pfeffer abschmecken und servieren.

HALLOUMI AUF AUBERGINEN

Diese Spezialität aus dem östlichen Mittelmeerraum weckt Sehnsucht nach Urlaub und lauen Sommerabenden. Am besten schmeckt dieses Rezept, wenn es auf dem Grill im Garten zubereitet wird.

ZUTATEN

FÜR 2 PORTIONEN

1 kleine Aubergine

Salz

1 Knoblauchzehe

Saft von ½ Zitrone

7 EL Olivenöl

250 g Halloumi

gemahlener schwarzer Pfeffer

Außerdem

½ kleines Fladenbrot

1 TL Zatar (siehe Tipp)

1 Den Backofen auf 200 °C (Ober-/Unterhitze) mit Grillstufe vorheizen. Die Aubergine putzen, waschen, in dünne Scheiben schneiden, mit Salz bestreuen und etwa 20 Minuten ruhen lassen. In der Zwischenzeit die Knoblauchzehe schälen, fein hacken und mit Zitronensaft und 3 EL Olivenöl verrühren.

2 Eine Auflaufform mit 1 EL Olivenöl einfetten. Den Halloumi in zwei Portionsscheiben schneiden, in die Form legen und im vorgeheizten Backofen etwa 20 Minuten grillen. Dabei ein bis zweimal wenden und mit etwas Salz und Pfeffer würzen.

3 Die Auberginenscheiben kalt abspülen, mit Küchenpapier trocken tupfen und in einer großen Pfanne in 2 EL heißem Olivenöl etwa 8 Minuten knusprig braten. Mit etwas Salz und Pfeffer würzen. Das Fladenbrot mit 1 EL Olivenöl beträufeln und mit Zatar bestreuen. Kurz zum Rösten in den Backofen geben.

4 Die Auberginenscheiben auf zwei Teller verteilen, mit je 1 Scheibe Halloumi belegen und alles mit Zitronenöl beträufeln. Dazu das Fladenbrot servieren.

TIPP

Zatar ist eine Gewürzmischung aus Thymian, Sumach, Salz und Sesamsamen, die in getrockneter Form in türkischen Geschäften erworben werden kann.

BALSAMICO-SPINAT-QUICHE

Aceto balsamico ist der Geheimtipp, wenn es darum geht, langweilige Gerichte zu einem kulinarischen Hochgenuss zu machen. Diese Quiche ist ein herrliches Abendessen an einem warmen Herbsttag.

ZUTATEN

FÜR 1 QUICHE (Ø 24 CM)

Für den Teig

200 g Weizenmehl

2 EL Backpulver

¼ TL Salz

40 g Öl

Für die Füllung

2 Eier (Größe M)

Saft von 1 Zitrone

110 g Schafskäse

100 ml Sahne

1 TL Zucker

Salz

gemahlener schwarzer Pfeffer

1 Birne

Öl

3 EL Aceto balsamico

150 g Blattspinat

Außerdem

1 Handvoll gehackte Haselnusskerne

1 Handvoll frische Gartenkräuter (z. B. Majoran, Thymian)

1 Das Mehl mit Backpulver und dem Salz in eine Schüssel geben. Öl und 50 ml eiskaltes Wasser hinzufügen. Zu einem glatten Teig verkneten. Anschließend zu einer Kugel formen und für etwa 30 Minuten in den Kühlschrank geben.

2 Eier, Zitronensaft, Schafskäse, die Sahne und den Zucker in eine Schüssel geben und gut verquirlen. Mit ein wenig Salz und Pfeffer abschmecken.

3 Die Birne waschen, vierteln, das Kerngehäuse entfernen und in dünne Spalten schneiden. In einer Pfanne Öl erhitzen und die Birnenspalten darin kurz dünsten. Nach etwa 3 Minuten mit Aceto balsamico ablöschen. Sobald der Aceto balsamico karamellisiert, die Pfanne vom Herd nehmen.

4 Den Backofen auf 200 °C (Ober-/Unterhitze) vorheizen. Eine Form (Ø 24 cm) einfetten. Den Teig ausrollen und gleichmäßig auf dem Boden der Form andrücken und mit einer Gabel einstechen. Den Spinat verlesen, waschen, trocken schütteln und zusammen mit den Balsamico-Birnen in die Form geben. Die Mischung aus Ei,

EIN GUTER GRUND:

... häufiger Quiche zu backen: Quiche ist im Prinzip eine wunderbare Resteverwertung: Den Teig wie beschrieben zubereiten, darauf gebratenes oder gedünstetes Gemüse geben, Guss darüber und ab in den Ofen! Wer keine Reste zu verwerten hat: auch mit anderen Gemüsesorten z. B. gebratenen Zucchini oder Spargel schmeckt die Quiche fantastisch!

Schafskäse und Sahne darübergießen. Dann die Quiche etwa 30 Minuten im Ofen (Mitte) knusprig backen.

5 Nach dem Backen die Quiche mit Haselnusskernen und Gartenkräutern garnieren und lauwarm servieren.

VEGAN

TABOULÉ MIT PETERSILIE

Dieser Couscous verträgt besonders viel Zitronensaft und bekommt durch Salatgurke und Kräuter einen Extrakick Frische.

ZUTATEN

FÜR 2 PORTIONEN

150 g Couscous (Weizengrieß)

1 Bio-Zitrone

2 EL Olivenöl

½ Bund Petersilie

½ Salatgurke

1 Stange Staudensellerie

Salz

gemahlener schwarzer Pfeffer

1 große gelbe Paprikaschote

1 Den Couscous in eine Schüssel rieseln lassen, mit etwa 150 ml heißem Wasser begießen und mit einem sauberen Küchentuch abdecken. Den Couscous ca. 5 Minuten ziehen lassen. In der Zwischenzeit die Zitrone heiß waschen, abtrocknen und die Schale fein abreiben. Anschließend die Frucht halbieren und den Saft auspressen.

2 Den Couscous mit einer Gabel auflockern und den Zitronenabrieb sowie -saft und das Olivenöl unterrühren. Dann die Petersilie waschen, trocken schütteln, die Blätter abzupfen und fein hacken. Die Salatgurke putzen, schälen, längs halbieren, die Kerne entfernen und quer in Streifen schneiden.

3 Den Sellerie putzen, waschen und klein schneiden. Alle vorbereiteten Zutaten unter den Couscous mischen und mit ein wenig Salz und Pfeffer würzen. Die Paprikaschote halbieren, putzen und waschen. Die Paprikahälften mit dem Couscous füllen und servieren.

TIPP

Als Beilage zu dem Taboulé eignet sich besonders gut ein frisches und noch warmes Fladenbrot.

VEGAN

TOFUPFANNE MIT INGWER UND KURKUMA

Schnell, einfach und gesund – so kann eine "flotte Mahlzeit" im Handumdrehen gekocht werden – noch dazu ist sie vegan.

ZUTATEN

FÜR 2 PORTIONEN

1 Zwiebel

1 Knoblauchzehe

1 kleines Stück frischer Ingwer (ca. 3 cm)

1 rote Paprikaschote

6–8 gelbe Cherrytomaten

400 g geräucherter Tofu

3 EL Pflanzenöl

gemahlene Kurkuma

Salz

gemahlener schwarzer Pfeffer

1 Zwiebel, Knoblauchzehe und Ingwer schälen und fein würfeln. Die Paprikaschote halbieren, putzen, waschen und in etwa 1 cm große Stücke schneiden. Die Cherrytomaten waschen und halbieren. Den Tofu trocken tupfen und in 1–2 cm große Stücke schneiden.

2 In einer großen Pfanne oder im Wok das Pflanzenöl erhitzen. Die Tofustücke darin rundherum goldbraun sowie knusprig braten, dann herausnehmen. Zwiebel, Knoblauch und Ingwer im Bratensatz mit 1 kräftigen Prise Kurkuma kurz anbraten und die Paprikastücke sowie die Tomaten hinzufügen. Mit ein wenig Salz und Pfeffer würzen und eventuell 2–3 EL Wasser einrühren. Noch einige Minuten weitergaren lassen und dann die Tofustücke untermischen. Nochmals abschmecken und anschließend servieren.

TIPP

Nach Belieben 1–2 EL Cashewkerne bzw. Haselnüsse hinzufügen. So bekommt das Gericht noch ein bisschen mehr Biss.

EIN GUTER GRUND:

... für Tofu, Sojaschnetzel oder Sojaprodukte in anderer Form: alle sind für Vegetarier dank dem hohen Gehalt an pflanzlichem Protein von Soja ein guter Fleischersatz. Auch wenn Soja sogenannte „Phytoöstrogene" (auch Isoflavone genannt) enthält, gilt sein Genuss in Maßen als unbedenklich, lediglich bei Säuglingen wird von Fütterung mit Sojamilch abgeraten. Das Argument, dass für die Produktion von Soja Regenwälder in Südamerika abgeholzt werden kann man dabei getrost vergessen: denn 98 % des weltweit produzierten Soja wird ausschließlich als Tierfutter verwendet. Im Prinzip wäre es daher viel sinnvoller und ökonomischer Sojaprodukte anstelle von Fleisch zu essen.

SPAGHETTI AGLIO, OLIO E PEPERONCINO

Wenn überraschend Gäste kommen und der Kühlschrank leer ist, kann dieses Gericht die Rettung sein – italienische Pasta, Knoblauch, Olivenöl und getrocknete Chilischoten hat man doch (fast) immer auf Vorrat!

ZUTATEN

FÜR 2 PORTIONEN

250 g Spaghetti

Salz

1 kleine getrocknete Chilischote

2 Knoblauchzehen (nach Belieben etwas mehr)

4 EL Olivenöl

gemahlener schwarzer Pfeffer

Außerdem

50 g frisch gehobelter Parmesankäse

1 TL gehackte Petersilie (nach Belieben)

1 Die Spaghetti in reichlich kochendes Salzwasser geben und ca. 12 Minuten bissfest garen. Inzwischen die Chilischote zerbröseln oder klein schneiden. Die Knoblauchzehen schälen und fein hacken. In einer großen Pfanne das Olivenöl erhitzen und Chili und Knoblauch darin etwa 2 Minuten andünsten.

2 Die Spaghetti mit einem Schaumlöffel tropfnass vom Nudelwasser in die Pfanne geben und alles durchschwenken. Mit Salz und Pfeffer würzen. Den Parmesan und nach Belieben die Petersilie unterschwenken. Die Spaghetti auf zwei Teller verteilen und servieren.

Variante: Superschnell zubereitet

Wenn es „turboschnell" gehen soll: Einfach die gegarten Spaghetti mit Olivenöl und Parmesan in eine Schüssel geben und gut vermengen.

TIPP

Mehr Haltbarkeit durch richtige Lagerung: Olivenöl sollte generell dunkel und kühl gelagert werden. Also am besten nicht im Licht stehen lassen oder direktem Sonnenlicht für längere Zeit aussetzen. Eine gute Lagertemperatur für Olivenöl beträgt etwa 12–15 °C.

VEGAN

CREMIGER FENCHEL-HIRSOTTO

Der Fenchel ist ein wunderbares Gemüse! Der süß-cremige Geschmack der Kokosnuss unterstreicht die klassische Anisnote der Knolle.

ZUTATEN

FÜR 2 PORTIONEN

Für den Hirsotto

100 g Hirse

1 rote Spitzpaprika

1 Bio-Möhre

1 Fenchelknolle

1 TL Olivenöl

1 TL gemahlener Koriander

2 TL Currypulver

1 TL Zucker

Aceto balsamico

200 ml Kokosmilch (aus der Dose)

Salz

Außerdem

¼ Fenchelknolle

1 Handvoll Blattsalat

1 EL schwarzer Sesam

1 Die Hirse in ein feinmaschiges Sieb geben und mit Wasser abspülen, bis es klar ist. Paprika halbieren, putzen, waschen und klein würfeln. Die Möhre putzen, schälen und klein würfeln. Den Fenchel putzen, vom Strunk befreien und ebenfalls in kleine Würfel schneiden.

2 Das Öl in einen Kochtopf geben und bei mittlerer Hitze schmelzen. Die Gewürze und den Zucker hinzufügen, kurz anrösten und mit 1 Spritzer Aceto balsamico ablöschen. Die Hirse mit ca. 300 ml Wasser hinzufügen und aufkochen lassen.

3 Die Temperatur reduzieren und die Hirse weitere 10 Minuten köcheln lassen. Nun das Gemüse hinzufügen und die Kokosmilch einrühren. Die Flüssigkeit erneut aufkochen. Anschließend die Hitze reduzieren und weitere 10 Minuten köcheln lassen, bis die Kokosmilch eingedickt und cremig ist. Den Hirsotto mit Salz abschmecken.

4 Für das Topping die Fenchelknolle putzen, waschen und in feine Streifen schneiden. Den Blattsalat verlesen, waschen und trocken schütteln. Den Hirsotto auf tiefe Teller verteilen und mit Blattsalat, Sesam und den Fenchelstreifen garnieren.

EIN GUTER GRUND:

... öfter Hirse zu essen: In Sachen Nährwerte steht Hirse der exotischen Quinoa in nichts nach und lässt sich auch ähnlich verwenden. Im Gegensatz zu den kleinen Körnern aus Südamerika ist Hirse jedoch auch in Europa heimisch, so dass lange Transportwege entfallen. Die kleinen Körnchen sind sehr gute Eisenlieferanten, besonders wenn sie noch mit etwas Vitamin-C-reichem, wie z.B. mit Salat und Tomaten, kombiniert werden. Denn das erleichtert unserem Körper die Aufnahme des pflanzlichen Eisens.

LINSENGEMÜSE MIT JOGHURT

Dieses Rezept ist inspiriert von der indischen Küche, die viele Gerichte mit Linsen zu bieten hat. Das bekannteste ist "Dal", ein Linseneintopf mit Joghurt und Chapati (Brot).

ZUTATEN

FÜR 2 PORTIONEN

Für die Linsen

150 g rote Linsen

2 Frühlings-zwiebeln

1 Knoblauchzehe

1 kleines Stück frischer Ingwer (ca. 3 cm)

¼ getrocknete kleine Chilischote

2 EL Pflanzenöl

400 ml Gemüse-brühe

Für den Gewürz-Joghurt

½ kleines Bund Koriander

150 g Joghurt

gemahlener Kardamom

gemahlener Ingwer

gemahlener Kreuzkümmel

Salz

gemahlener schwarzer Pfeffer

Saft von ½ Zitrone

1 Die Linsen unter fließend kaltem Wasser in einem Sieb gründlich waschen und abtropfen lassen. Die Frühlingszwiebeln putzen, waschen und in kleine Würfel schneiden. Die Knoblauchzehe sowie den Ingwer schälen und fein hacken und die Chilischote grob zerbröseln.

2 Das Pflanzenöl in einem Topf erhitzen und darin die Frühlingszwiebeln, Knoblauch, Ingwer sowie die Chili kurz anbraten. Die Linsen hinzufügen, unter Rühren kurz anbraten und mit der Gemüsebrühe angießen. Die Linsen ca. 15 Minuten garen.

3 Den Koriander waschen, trocken schütteln, die Blätter abzupfen und fein hacken. Den Joghurt mit je 1 Prise Kardamom, Ingwer, Kreuzkümmel sowie ein wenig Salz und Pfeffer und dem Zitronensaft würzen. Zuletzt den gehackten Koriander unterziehen. Die Linsen nochmals abschmecken und zum Servieren mit dem Gewürz-Joghurt überziehen.

TIPP

Anstatt der einzelnen Gewürze kann die indische fertige Gewürzmischung „Garam Masala" (übersetzt „heißes Gewürz") verwendet werden. Diese besteht meist aus Zimt, Gewürznelken, Kardamom, schwarzem Pfeffer, gemahlener Muskatblüte, Koriander und Kreuzkümmel.

GRÜNKOHLPUFFER MIT SCHNITTLAUCHQUARK

Kartoffelpuffer sind sehr beliebt und gehen eigentlich immer. Mit dieser "grünen" Variante kann man dem Klassiker etwas frischen Pepp verpassen!

ZUTATEN

FÜR 4 PERSONEN

Für die Puffer

1 kg mehlig kochende Kartoffeln

Salz

1 Zwiebel

1 Knoblauchzehe

600 g Grünkohl

4 EL Olivenöl

1 EL Currypulver

Pfeffer

2 Eier (L)

Für den Schnittlauchquark

1 Bund Schnittlauch

400 g Quark

2–3 EL Milch

1 EL Olivenöl

Schale 1 unbehandelten Zitrone

Salz

Pfeffer

1 Für die Puffer die Kartoffeln waschen und in wenig Salzwasser etwa 30 Minuten garen. Abgießen und ausdampfen lassen.

2 Inzwischen für den Schnittlauchquark den Schnittlauch waschen, trocken schütteln und in feine Röllchen schneiden. Den Quark mit der Milch glatt rühren und den Schnittlauch und das Öl untermischen. Mit abgeriebener Zitronenschale, Salz und Pfeffer abschmecken.

3 Zwiebel und Knoblauch schälen und fein hacken. Den Grünkohl putzen und waschen. Die Stiele am Blattansatz abschneiden und klein würfeln. Die Blätter in Streifen schneiden.

4 In einer beschichteten Pfanne 1 EL Öl erhitzen und Zwiebel, Knoblauch und Grünkohlstiele darin glasig anschwitzen. Die Blätter zugeben. Mit 2–3 EL Wasser aufgießen, damit der Grünkohl nicht anlegt. Alles mit Curry, Salz und Pfeffer würzen und zugedeckt bei niedriger Hitze 4 Minuten anbraten. Dann aus der Pfanne nehmen und abkühlen lassen.

5 Die Kartoffeln pellen, klein schneiden und zerdrücken. Kartoffeln, Grünkohl und Eier vermischen und die Masse mit Salz und Pfeffer würzen. Aus der Masse 12 Puffer formen.

TIPP

Wer keinen Grünkohl bekommt, kann auch anderes grünes Blattgemüse wie Blattspinat, Mangold oder Wirsing nehmen.

6 Die Pfanne auswischen und das restliche Öl erhitzen. Die Puffer darin portionsweise auf jeder Seite 3–4 Minuten braten. Mit dem Schnittlauchquark servieren.

PIZZA MARGHERITA

Zu Ehren von König Umberto I. und seiner Frau Margherita wurde im Jahr 1889 in Neapel eine Pizza mit den drei Farben der "Tricolore", der italienischen Flagge, bestückt: mit grünem Basilikum, weißem Mozzarella und roten Tomaten.

ZUTATEN

FÜR 2 PIZZEN

250 g Weizenmehl, plus etwas mehr für die Arbeitsfläche

½ Pck. Trockenhefe

1 Prise Zucker

Salz

3 EL Olivenöl

2 große Tomaten

½ Bund Basilikum

200 g Pizzatomaten (aus der Dose)

125 g Mozzarella

gemahlener schwarzer Pfeffer

1 Das Mehl in eine Schüssel sieben und in der Mitte eine Mulde formen. Die Trockenhefe und den Zucker einrieseln lassen und mit 125 ml lauwarmem Wasser begießen. Zugedeckt etwa 20 Minuten ruhen lassen. Den Backofen auf 220 °C (Ober-/Unterhitze) vorheizen und ein Backblech mit Backpapier auslegen.

2 Den Vorteig mit ½ TL Salz und 1 EL Olivenöl zu einem geschmeidigen Teig kneten; bei Bedarf etwas mehr Wasser zugeben. Zu einer Kugel formen, mit einem sauberen Küchentuch abdecken und nochmals ca. 20 Minuten ruhen lassen.

3 Inzwischen die Tomaten blanchieren, häuten, halbieren, entkernen und in Streifen schneiden. Das Basilikum waschen, trocken schütteln, die Blättchen abzupfen und in Streifen schneiden.

4 Den Teig in zwei Portionen teilen und jede Portion auf einer bemehlten Arbeitsfläche zu einem großen Kreis ausrollen. Je nach Backblechgröße die Pizzen nacheinander oder gleichzeitig backen. Die Teigkreise auf das Backblech legen und die Ränder leicht hochziehen. Breitflächig mit den Pizzatomaten bestreichen, darauf die Tomatenstreifen verteilen. Den Mozzarella abtropfen, grob zerzupfen und über der Pizza verteilen. Zum Schluss mit dem restlichen Olivenöl beträufeln und mit etwas Salz und Pfeffer würzen.

5 Die Pizzen im vorgeheizten Ofen (unten) etwa 15 Minuten backen. Herausnehmen, mit dem Basilikum bestreuen und sofort genießen.

EIN GUTER GRUND:

... zu Tomaten aus der Dose zu greifen: Laut einer Studie der Universität Gießen verursachen Tomaten aus beheizten Gewächshäusern mehr als 100-mal so viel CO_2 wie Freilandtomaten aus der Region. Außerhalb der Freilandsaison sind Tomaten aus der Dose daher die besser Wahl. Denn trotz des hohen Energieaufwandes, der für die Produktion der Dose anfällt, schneiden sie besser ab als Gewächshausware.

VEGAN

INGWERREIS MIT PAPRIKA

Paprikaschoten gibt es in allen Ampelfarben: ob rot, gelb oder grün. Die grünen schmecken eher neutral, die roten leicht süßlich und die gelben fruchtig. Je nach Vorliebe kann hier variiert werden.

ZUTATEN

FÜR 2 PORTIONEN

1 kleines Stück frischer Ingwer (ca. 3 cm)

2 Paprikaschoten

2 EL Pflanzenöl

200 g Langkornreis

Salz

gemahlener schwarzer Pfeffer

1 Prise Chilipulver

600 ml Gemüsebrühe

1 Den Ingwer schälen und fein würfeln. Die Paprikaschoten halbieren, putzen, waschen und in kleine Würfel schneiden.

2 Den Backofen auf 200 °C (Ober-/Unterhitze) vorheizen. In einem Bräter das Pflanzenöl erhitzen und die Ingwer- und Paprikawürfel darin andünsten.

3 Den Reis hinzufügen, unter Rühren einige Minuten mitbraten und alles mit Salz, Pfeffer und Chilipulver würzen.

4 Die Paprika-Reis-Mischung mit der Gemüsebrühe aufgießen und aufkochen lassen. Dann den Bräter in den vorgeheizten Backofen (Mitte) stellen und ca. 30 Minuten garen.

TIPP

Der Reis schmeckt kalt auch sehr gut. Als Beilage eignet sich der Ingwer-Reis zu Grillgerichten wie Halloumi oder gegrillten Auberginen.

STAUB
COCOTTE

MANDELKUCHEN MIT ERDBEEREN

Knusper, knusper knäuschen – schon im Backofen verströmt dieser Kuchen einen unwiderstehlichen Duft, der Familie und Gäste zum fröhlichen Knuspern einlädt.

ZUTATEN

FÜR 1 SPRINGFORM (Ø 20 CM)

175 g Erdbeeren

150 g Zucker

85 g Butter

2 Eier (Größe M)

150 g Joghurt

Mark von 1 Vanilleschote

Salz

gemahlener schwarzer Pfeffer

150 g Mehl

85 g gemahlene Mandeln

2 TL Backpulver

½ TL gemahlener Zimt

Außerdem

2 EL Mandelblättchen

1 Den Backofen auf 180 °C (Ober-/Unterhitze) vorheizen. Den Boden der Springform mit Backpapier auslegen. Die Erdbeeren waschen, den Stielansatz entfernen und halbieren.

2 Zucker, Butter und Eier in eine Schüssel geben und mit einem Handrührgerät cremig rühren. Joghurt, Vanillemark, je 1 Prise Salz und Pfeffer unterrühren. Das Mehl mit Mandeln, Backpulver und Zimt mischen, zum Teig geben und alles zu einer geschmeidigen Masse verrühren.

3 Die Hälfte des Teiges in die Springform geben und mit der Hälfte der Erdbeeren belegen. Den restlichen Teig und die übrigen Erdbeeren darauf verteilen. Den Kuchen im Backofen (Mitte) etwa 45–50 Minuten goldbraun backen. Den Kuchen herausnehmen, aus der Springform lösen und auf einem Kuchengitter auskühlen lassen.

4 Die Mandelblättchen in einer kleinen beschichteten Pfanne ohne Fett goldbraun rösten. Den ausgekühlten Kuchen mit den Mandelblättchen bestreuen und genießen.

EIN GUTER GRUND:

... zu tiefgekühlten Beeren zu greifen: Außerhalb der Beerensaison ist Tiefkühlware eine gute Wahl. Trotz des Energieverbrauchs durch das Einfrieren haben sie eine bessere Klimabilanz als die von weit her transportierte oder in Gewächshäusern angebaute Beeren, die dann im Handel erhältlich sind.

SPICY CHOCOLATE COOKIES

Bei diesem Rezept ist etwas Pfeffer im Spiel, der die Cookies himmlisch schokoladig und leicht pikant schmecken lässt.

ZUTATEN

FÜR 8–10 COOKIES

125 g Cashewmus

70 g Zucker

1 Ei (Größe M)

100 g Zartbitterschokolade

Salz

gemahlener schwarzer Pfeffer

1 TL gemahlener Zimt

Mark von 1 Vanilleschote

1 TL Backpulver

50 g Mehl

1 Den Backofen auf 175 °C (Ober-/Unterhitze) vorheizen. Ein Backblech mit Backpapier auslegen. Cashewmus, Zucker und Ei in eine Schüssel geben und mit einem Handrührgerät cremig rühren. Die Zartbitterschokolade grob hacken und beiseitestellen.

2 1 Prise Salz und 1 Msp. Pfeffer mit Zimt, Vanillemark, Backpulver und Mehl vermischen und unter die Cashewmasse rühren. Zum Schluss die Zartbitterschokolade dazugeben und gut untermischen.

3 Aus dem Teig 8–10 Kugeln formen, leicht andrücken und mit etwas Abstand auf dem Backblech verteilen. Die Cookies im Backofen (Mitte) etwa 10 Minuten goldbraun backen. Die Kekse herausnehmen, vollständig auskühlen lassen und dann vom Backblech lösen.

TIPP

Wer Erdnüsse liebt, kann das Cashewmus auch gerne gegen Erdnussmus tauschen. Außerdem lassen sich die Cookies super einfrieren, deshalb am besten gleich die doppelte Menge auf Vorrat backen.

PFLAUMENKOMPOTT MIT ZIMT-SAHNE

Eine leichte, unkomplizierte Nachspeise aus frischen Pflaumen, aromatischem Rotwein und ein wenig Ingwer – klingt aufregend, oder? Eine süße Köstlichkeit, die zusätzlich mit Vanilleeis getoppt werden kann.

ZUTATEN

FÜR 2 PORTIONEN

250 g Pflaumen

50 g Zucker

100 ml Rotwein

Nelkenpulver

1 kleines Stück frischer Ingwer (ca. 3 cm)

Außerdem

100 g Sahne

1 TL Puderzucker

gemahlener Zimt

1 Die Pflaumen waschen, in Hälften schneiden und entsteinen. Den Zucker mit dem Rotwein aufkochen und die Pflaumen einlegen. Bei kleiner Hitze etwa 10 Minuten ziehen lassen und dabei mit 1 Prise Nelkenpulver würzen. Den Topf vom Herd ziehen. Den Ingwer schälen, fein reiben und unterrühren.

2 Zum Servieren die Sahne mit Puderzucker und 1 Prise Zimt mit einem Handrührgerät steif schlagen. Das lauwarme Kompott in zwei Schalen verteilen, mit der Zimt-Sahne überziehen und direkt genießen.

Variante: Pflaumen mit Mandelfüllung

Die frischen Pflaumen entkernen und statt des Kerns eine Mandel einsetzen. In eine gebutterte Auflaufform setzen, mit Zucker bestreuen und mit frisch geschabtem Ingwer würzen. Die Butterflöckchen darauflegen und im vorgeheizten Backofen bei 200 °C (Ober-/Unterhitze) gute 10 Minuten backen lassen. Mit Zimt-Sahne und Vanilleeis servieren.

TIPP

Erst zum Schluss: Je länger Ingwer kocht, desto mehr Geschmack verliert er. Daher sollte er am besten erst zum Endeder Garzeit hinzugefügt werden.

EIN GUTER GRUND:

... für schnelles Kompott: Mal wieder zu viel Obst gekauft oder superreifes auf dem Markt ergattert: dann schnell einen Teil zu Kompott verkochen! Denn das funktioniert so, wie hier angegeben, mit fast jeder Obstsorte (ggf. nur etwas mehr oder weniger Flüssigkeit und statt Rotwein Saft oder Wasser verwenden). Es lässt sich auch gut am Vortag zubereiten und im Kühlschrank bis zu 3 Tage in einem verschlossenen Bügelglas aufbewahren.

CREME MIT ORANGEN

Ein schnell zubereitetes Dessert aus leichter Creme mit wunderbarer Süße von saftiger Orange und den feinen Aromen von knackigen Pistazien.

ZUTATEN

FÜR 2 PORTIONEN

1 Orange

50 g ungesalzene Pistazien

½ TL Zitronensaft

1 EL Ahornsirup

200 g Joghurt

1. Die Orange so schälen, dass auch die weiße Haut entfernt wird. Aus den Fruchtsegmenten Filets herausschneiden und den Rest per Hand zu Saft auspressen.
2. Die Pistazien grob hacken. Orangensaft, Zitronensaft, Ahornsirup sowie Joghurt mithilfe eines Stabmixers cremig pürieren.
3. Die cremige Masse in zwei Schalen mit den Orangenfilets schichten und mit den Pistazien bestreuen.

Variante: Das Obst einfach austauschen

Die Creme kann mit saisonalen und regionalen Früchten wie Birne, Pflaumen, Erdbeeren je nach Vorliebe variiert werden.

ZITRONENTARTE MIT MANDELN

Diese leckere Nascherei kommt aus Süditalien und trägt den Namen "Crostata di limone". Dazu wird Mürbeteig hergestellt, der fast schon "crunchig" zum Zitronenbelag schmeckt.

ZUTATEN

FÜR 1 SPRINGFORM (Ø 28 CM)

Für den Teig

- 200 g Weizenmehl, plus etwas mehr für die Form
- 100 g kalte Butterstückchen, plus etwas mehr für die Form
- 100 g Zucker
- 2 Eigelb (Größe M)
- Abrieb von 1 Bio-Zitrone
- Salz

Für den Guss

- 5 Eier (Größe M)
- Saft und Abrieb von 2 Bio-Zitronen
- 150 g Zucker
- 100 g zerlassene Butter

Außerdem

- 5 EL Mandelblättchen
- 3 EL Puderzucker

1 Auf einer Arbeitsfläche aus Mehl, Butterstückchen, Zucker, Eigelben, Zitronenschale und 1 Prise Salz zügig einen Mürbeteig herstellen, aber diesen nicht zu lange kneten. Zu einem Kloß formen, in Frischhaltefolie wickeln und anschließend für 1 Stunde in den Kühlschrank stellen.

2 Inzwischen eine Springform mit Butter ausfetten und mit Mehl ausklopfen. Für den Zitronenguss die Eier mit Zitronenabrieb, Saft von ½ Zitrone und Zucker verrühren. Den Backofen auf 200 °C (Ober-/Unterhitze) vorheizen.

3 Langsam die wieder erkaltete, zerlassene Butter unterrühren. Zuletzt den Saft von 1 ½ Zitronen unterziehen. Den Mürbeteig auf einer bemehlten Arbeitsfläche auswellen und die Springform hoch bis zum Rand damit auskleiden.

4 Den Mürbeteigboden mehrmals mit einer Gabel einstechen, mit Mandelblättchen belegen und diese andrücken. Den Guss nochmals durchrühren und löffelweise in die Form geben.

5 Die Oberfläche mit 2 EL Puderzucker bestäuben und dann im vorgeheizten Ofen (Mitte) den Kuchen ca. 30 Minuten backen. Herausnehmen, abkühlen lassen und mit dem restlichem Puderzucker bestäuben.

TIPP

Schon gewusst? Zitronen mit leicht nachgebender Schale liefern mehr Saft als Früchte mit fester Schale. Fühlt sich eine Zitrone für ihre Größe schwer an, enthält sie viel Saft.

VEGAN

HAFER-MILCHREIS MIT ESPRESSO-BIRNEN

Mit einer Portion Milchreis kommen immer Kindheitserinnerungen auf! Hier eine etwas andere Variante mit köstlich duftendem Kaffee und frischer Birne.

ZUTATEN

FÜR 2 PORTIONEN

Für die Espresso-Birnen

1 Birne

2 Tassen Espresso

Für den Kokos-Milchreis

1 Tasse Basmatireis

Salz

250 ml Haferdrink

2 EL Sojajoghurt

2 TL gehackte Haselnusskerne

2 EL Ahornsirup

1 Die Birne schälen, halbieren und das Kerngehäuse entfernen. Espresso und 100 ml Wasser in einen Topf geben und aufkochen lassen. Anschließend die Temperatur reduzieren. Den Topf nach 5 Minuten vom Herd nehmen. Die Birnenhälften in den Espresso einlegen und anschließend etwa 15 Minuten ziehen lassen.

2 Den Reis in ein feinmaschiges Sieb geben und mit Wasser abspülen, bis es klar ist. Den Reis mit 1 ½ Tassen Wasser und 1 Prise Salz in einen Topf geben und aufkochen lassen. Die Temperatur reduzieren und den Reis noch weitere 5 Minuten köcheln lassen. Nach und nach 150 ml Haferdrink einrühren.

3 Den Reis weitere 10–15 Minuten köcheln lassen, bis die gesamte Flüssigkeit vollständig aufgenommen wurde. Vor dem Servieren weitere 100 ml Haferdrink einrühren.

4 Den Milchreis sowie die Birnenhälften auf zwei Schalen verteilen. Zum Servieren mit Sojajoghurt, Haselnüssen und Ahornsirup garnieren.

EIN GUTER GRUND:

... Milchprodukte öfters mal zu ersetzen: Ein großer Teil des durch Ernährung verursachten Treibhausgase geht auf die Tierhaltung zurück. Besonders Kühe sind hier ein schwerwiegender Faktor, da sie besonders viel des Treibhausgases Methan ausstoßen. Das fällt natürlich nicht nur bei der Erzeugung von Fleisch an, sondern auch bei Milchvieh. Es lohnt sich daher, öfters mal auf pflanzliche Alternativen umzusteigen. Besonders empfehlenswert in Sachen Klima ist Hafermilch und Sojamilchprodukte, die bei Vergleichen pflanzlicher Alternativprodukten am besten abgeschnitten haben.

VEGAN

GRANITA DI LIMONE

So schmeckt Italien! Dieses süße Zitronenwasser ist wie "Crushed Ice". Vor allem bei sommerlich-heißen Temperaturen ist dies einfach ein herrlich erfrischender Durstlöscher!

ZUTATEN

FÜR 2 PORTIONEN

50 g Zucker

2 Bio-Zitronen

Außerdem

1 Bio-Zitrone

Zitronenmelisseblättchen

1 Den Zucker mit 250 ml Wasser in einem Topf verrühren und 4–5 Minuten sanft köcheln lassen. Den Topf vom Herd ziehen und die Flüssigkeit in eine flache breite Schale gießen.

2 Die Zitronen heiß waschen, abtrocknen und von einer Zitrone die Hälfte der Schale fein abreiben. Beide Zitronen halbieren und den Saft auspressen. Den Zitronensaft und den -abrieb in die Schale zum Zuckerwasser rühren und anschließend in das Gefrierfach stellen. Nach ca. 1 Stunde die angefrorene Granita mit einem Schaber zerstoßen und anschließend erneut in das Gefrierfach stellen.

3 In den nächsten 3 Stunden diesen Vorgang 2–3 Mal wiederholen, bis das Gefrorene wie zerstoßenes Eis aussieht. Zum Servieren die groben Eiskristalle in Gläser füllen. Eine Zitrone heiß waschen, abtrocknen und in Scheiben schneiden. Mit den Zitronenmelisseblättchen die Granita garnieren.

Variante: für 4—6 Portionen mit Prosecco

2 Bio-Zitronen heiß waschen, abtrocknen und mit einem Zestenreißer feinste Streifen von den Schalen ziehen. Die Früchte halbieren und den Saft auspressen. Den Zitronensaft mit 100 g Puderzucker glatt rühren und 1 Flasche Prosecco und die Hälfte der Zitronenzesten unterrühren. Die Flüssigkeit in eine breite Schale gießen und in das Gefrierfach stellen. Während der Gefrierzeit von etwa 4 Stunden 3–4 Mal die Schale herausnehmen. Mit einem Schaber oder Löffel die gefrorenen Schichten zur Mitte hin abschaben. Zum Servieren die Granita in Sektschalen füllen.

IMPRESSUM

Edition Michael Fischer GmbH

Donnersbergstr. 7

86859 Igling

www.emf-verlag.de

Rezepte: Rose Marie Donhauser (S. 18, 26, 30, 32, 34, 38, 40, 42, 44, 48, 52, 54, 56, 60, 62, 66, 68, 70, 74, 78, 80, 86, 88, 90, 94); Sabrina Sue Daniels (S. 16, 58, 82, 84); Jessica Lerchenmüller (S. 14, 20, 22, 24, 28, 36, 46, 50, 64, 72, 92), Christina Wiedemann (S. 77)

Rezeptfotos: Nadja Buchczik (S. 77), Tina Bumann (S. 19, 27, 31, 33, 35, 39, 41, 43, 45, 49, 53, 55, 57, 61, 63, 67, 69, 71, 75, 79, 81, 87, 89, 91, 95); Sabrina Sue Daniels (S. 17, 59, 83, 85); Jessica Lerchenmüller (S. 15, 21, 23, 25, 29, 37, 47, 51, 65, 73, 93)

Illustrationen: © Number1411/Shutterstock; © Ksusha Dusmikeeva/Shutterstock; © lineartestpilot/ Shutterstock; © Ksenia Zvezdina/Shutterstock; © NotionPic/Shutterstock; © Hanna Valui/Shutterstock; © noicherrybeans/Shutterstock

Covergestaltung, Layout und Satz: Celina Reiser

Redaktion und Lektorat: Franziska Pfister

Gedruckt bei Firmengruppe APPL, aprinta druck, Wemding, Deutschland